本书受2017年度江苏省社科基金17YSB010项目经费资助；本书受2017年度江苏省高校哲社2017SJB0950项目经费资助。

特殊儿童音乐教育理论与策略研究

宫 伟 著

北京工业大学出版社

图书在版编目（CIP）数据

特殊儿童音乐教育理论与策略研究 / 宫伟著. — 北京：北京工业大学出版社，2022.1
ISBN 978-7-5639-8250-9

Ⅰ.①特… Ⅱ.①宫… Ⅲ.①儿童教育－特殊教育－音乐教育－研究 Ⅳ.①G76

中国版本图书馆CIP数据核字（2022）第026938号

特殊儿童音乐教育理论与策略研究
TESHU ERTONG YINYUE JIAOYU LILUN YU CELÜE YANJIU

著　　者：	宫　伟
责任编辑：	李俊焕
封面设计：	知更壹点
出版发行：	北京工业大学出版社
	（北京市朝阳区平乐园100号　邮编：100124）
	010-67391722（传真）　　bgdcbs@sina.com
经销单位：	全国各地新华书店
承印单位：	唐山市铭诚印刷有限公司
开　　本：	710毫米×1000毫米　1/16
印　　张：	10.5
字　　数：	215千字
版　　次：	2023年4月第1版
印　　次：	2023年4月第1次印刷
标准书号：	ISBN 978-7-5639-8250-9
定　　价：	72.00元

版权所有　翻印必究

（如发现印装质量问题，请寄本社发行部调换 010-67391106）

作者简介

宫伟，女，1979年8月出生，俄罗斯国立师范大学音乐专业博士，现就职于江苏师范大学音乐学院。主要研究方向：音乐教育。曾参与国家级和省部级项目多项，在国内外核心期刊发表文章数十篇，多次参加国际学术会议并发言。

前　言

音乐不仅能启发人们的智力，还能陶冶人们的情操，随着素质教育的全面普及，当前对音乐教学的重视程度正在不断提升。音乐教育也成了儿童教育非常重要的组成部分。而且音乐教育对于一些存在缺陷或障碍的特殊儿童更具有重要意义。

全书共六章。第一章为绪论，主要包括特殊儿童的界定、特殊儿童的分类、特殊儿童的教育任务、音乐教育与特殊教育、特殊音乐教育的作用与意义等内容；第二章为特殊音乐教育的历史，主要阐述了古代的特殊音乐教育、民国时期的特殊音乐教育、中华人民共和国成立初期的特殊音乐教育、改革开放以来的特殊音乐教育等内容；第三章为自闭症儿童的音乐教育，主要阐述了自闭症及其临床表现、自闭症儿童的身心特征、自闭症儿童音乐教育的方法与策略等内容；第四章为视觉障碍儿童的音乐教育，主要阐述了视觉障碍儿童的身心特征、视觉障碍儿童音乐教育现状、音乐教育对视觉障碍儿童的教育价值、视觉障碍儿童音乐教育的方法与策略等内容；第五章为智力障碍儿童的音乐教育，主要阐述了智力障碍儿童的身心特征、音乐教育对智力障碍儿童的影响、智力障碍儿童音乐教育的方法与策略等内容；第六章为听觉障碍儿童的音乐教育，主要阐述了听觉障碍儿童的身心特征、音乐教育对听觉障碍儿童的影响、听觉障碍儿童音乐教育的特殊性、听觉障碍儿童音乐教育的方法与策略等内容。

为了确保研究内容的丰富性和多样性，作者在写作本书的过程中参考了大量文献资料，在此向涉及的专家、学者表示衷心的感谢。

最后，限于作者水平，本书难免存在一些不足，恳请同行专家和读者朋友批评指正！

目 录

第一章 绪 论 ·· 1
第一节 特殊儿童的界定 ··· 1
第二节 特殊儿童的分类 ··· 2
第三节 特殊儿童的教育任务 ··· 7
第四节 音乐教育与特殊教育 ·· 11
第五节 特殊音乐教育的作用与意义 ·· 14

第二章 特殊音乐教育的历史 ·· 16
第一节 古代的特殊音乐教育 ··· 16
第二节 民国时期的特殊音乐教育 ··· 36
第三节 中华人民共和国成立初期的特殊音乐教育 ························· 55
第四节 改革开放以来的特殊音乐教育 ··· 57

第三章 自闭症儿童的音乐教育 ·· 59
第一节 自闭症及其临床表现 ··· 59
第二节 自闭症儿童的身心特征 ·· 66
第三节 自闭症儿童音乐教育的方法与策略 ··································· 67

第四章 视觉障碍儿童的音乐教育 ··· 82
第一节 视觉障碍儿童的身心特征 ··· 82
第二节 视觉障碍儿童音乐教育现状 ·· 89
第三节 音乐教育对视觉障碍儿童的教育价值 ······························· 96
第四节 视觉障碍儿童音乐教育的方法与策略 ····························· 100

第五章 智力障碍儿童的音乐教育 ······ 110
第一节 智力障碍儿童的身心特征 ······ 110
第二节 音乐教育对智力障碍儿童的影响 ······ 111
第三节 智力障碍儿童音乐教育的方法与策略 ······ 114

第六章 听觉障碍儿童的音乐教育 ······ 136
第一节 听觉障碍儿童的身心特征 ······ 136
第二节 音乐教育对听觉障碍儿童的影响 ······ 141
第三节 听觉障碍儿童音乐教育的特殊性 ······ 145
第四节 听觉障碍儿童音乐教育的方法与策略 ······ 147

参考文献 ······ 159

第一章 绪 论

音乐教育的使命是利用音乐的形式培育学生的综合艺术修养,使学生在获得音乐知识的同时,陶冶个人艺术情操,获得情感方面的愉快体验。而在特殊音乐教育上,开展丰富的教育活动,创建良好的教育体系,创立优质的教育服务,既具备了重要的学科价值,又彰显了鲜明的时代意义。本章分为五部分,主要包括特殊儿童的界定、特殊儿童的分类、特殊儿童的教育任务、音乐教育与特殊教育、特殊音乐教育的作用与意义。

第一节 特殊儿童的界定

特殊儿童,亦可以称为有特殊需要的儿童。狭义的特殊儿童指身心发展上有缺陷的儿童;广义的特殊儿童是指在智力、感官、情绪、身体、行为或沟通能力上与正常人有明显差异的儿童。在这里,特殊儿童主要是指在生理、心理及社会属性上存在缺陷和困难的儿童,他们需要更多的成长资源和更特殊的教育模式。特殊需要儿童的差异性主要体现在学习能力不同、生理功能不同、行为控制不同、社会互动不同、生活适应不同等。

特殊儿童在学习和生活上具有更多的困难,只有接受了特殊的教育才能够充分发展和成长,因此,特殊儿童需要更多的关注,也有更多的成长需求。特殊儿童由于自身和外部环境的特殊性,在身心发展、成长模式、社会互动模式等方面具有一定的个性和独特性。

从心理学角度可以归纳为以下几点:在感觉、知觉发展方面,特殊儿童较为狭窄,准确性较差,分辨力较差,难以准确感知外部事物;在注意方面,特殊儿童注意的广度较小,注意的分配能力差,注意力难以转移,有较强的选择性;在记忆方面,特殊儿童的记忆具有盲目性、不完整性,意义识记差,机械识记较好,对记忆的编程加工过程不完善,组织水平低,记忆目的性欠缺;在语言和思维方面，特殊儿童，尤其是听觉系统发育不完善的儿童，在语言的学习和使用方面具有很大困难，而智力发展低下或脑部发展不健全（脑瘫、智力障碍）的儿童难以进行复杂的思维训练，其思维模式十分简单等。

特殊儿童因其特殊方面的缺陷，在生理发展上具有一定的特殊性，具体表现有：身体发展缓慢，如"糖娃娃"的面部表情较为呆滞，且体质很差，语言表达能力也较弱；身体特定部位的残缺，肢体残疾儿童在身体发展过程中明显异于正常儿童；身体器官或肢体不能灵活地进行活动，如脑瘫儿童，在生长发育过程中，手指的灵活性较差，严重者脚趾会有一定的发育畸形或萎缩现象，而严重聋哑或自闭症儿童会丧失一部分的言语能力等。

一些发达国家非常重视特殊儿童教育的研究，并已经取得了很多的成果，相比之下，我们国家特殊儿童教育起步较晚，不过在近十余年有所发展，在这方面的理论研究也逐渐受到重视。

例如，我们国家出版了《2004中国特殊儿童教育权利报告》，翻译出版了《今日特殊儿童与教育》译丛等。但与普通教育的发展相比，还比较落后，在理论研究方面比较薄弱，特别在特殊儿童音乐教育的研究与实践方面，更加显得苍白。特殊儿童音乐教育是特殊儿童教育中非常重要的、不可缺少的部分，它可以用音乐艺术独特的形式和方法，对存在不同缺陷的特殊儿童进行教育，使之在身心上得到健康的发展。

第二节　特殊儿童的分类

一、特殊儿童的分类原则

特殊儿童的分类首先牵涉分类的伦理问题，有赞成分类的，有反对分类的。持不同观点的人都有着各自的理由。如赞成分类者认为，分类有助于明晰特殊儿童的障碍性质和类别，这样就可以有针对性地对特殊儿童进行恰当的安置，并提供相应的特殊教育与服务，也有助于对特殊儿童因材施教。反对分类者认为，一些现行的分类容易导致严重的标签化问题，比如把视觉障碍儿童说成"瞎子"，不仅带有消极的贬损歧视意味，而且还强化了特殊儿童与普通儿童的区别，给残疾儿童烙上无形的标记，往往造成个体消极的自我概念，同时也让教育者降低了教育期望。这不仅不公平，也无助于提高教育质量。因此，特殊儿童的分类犹如一把双刃剑，积极性与消极性相伴而生。

尽管关于分类的争议不断，但是越来越多的人还是认为对特殊儿童进行分类是有必要的，关键是如何找到一种比较好的分类方法，尽可能地减少分类带来的消极影响。因此，对于特殊儿童的分类，一般认为必须秉持两个基本原则：无歧视原则和去标签化原则。

（一）无歧视原则

无歧视原则是指必须以尊重的态度和科学的方法来进行分类。这是消除分类造成的消极影响的首要原则。其实，分类是否存在消极影响的关键在于分类时所持的态度和方法是否正确合理。因为开展具体的教育教学活动或特殊儿童的教育研究，都需要进行分类。这样才能明晰和把握特殊儿童的身心特点，实施有针对性的教育。但是，在对特殊需要儿童进行教育时，应确立一种无歧视的教育理念，以科学有效的方法进行分类。只有这样才能充分维护障碍儿童的尊严，肯定他们的价值地位，也只有这样才能对他们抱有更高的积极发展期望。

（二）去标签化原则

去标签化原则是尽量采取尊重性标签分类，以求最大限度地减少标签化消极影响。去标签化并不意味着完全地消除标签、不分类，而是说要在无歧视原则的基础上，尽量避免对贬低性的标签术语的使用，提倡尊重性的标签术语，运用一些如"障碍""特殊需要"等肯定性的术语来描述儿童的特点。

因为"标签是不可避免的，一种标签被废除，又会被另一种标签所代替，即使废除标签，也不会从根本上消除社会上对残疾人的歧视和偏见"。去标签化分类的策略是采取选择性的标签称谓来替代传统具有贬损意味的标签术语，如把弱智儿童称为智力障碍儿童或智力挑战儿童，把特殊儿童称为有特殊教育需要的儿童等。

二、特殊儿童的具体划分

（一）智力障碍儿童

目前，有关智力落后的术语也有很多，如智力残疾、智力障碍以及智力不足等。虽然术语各有不同，但其实质基本相似。为方便行文，这里选择较为通用的智力障碍儿童这个术语来展开论述。根据目前我国比较通行的定义，智力障碍是指人的智力明显低于一般人的水平，并显示出适应行为的障碍。

我国对于智力障碍的程度也有所区分，分为轻度、中度、重度和极重度四个级别，也可称为四级智力残疾、三级智力残疾、二级智力残疾和一级智力残疾。这四个级别的人与普通人的智商存在不同程度的标准差，其社会适应能力也各不相同，呈逐级下降趋势。

关于智力障碍儿童，存在两个判断的标准：一个为智商标准，另一个为社会适应能力标准。只有同时符合这两个标准，才能说是智力障碍。这是因为，我们通常是以智力测试来确定某个儿童是否为智力障碍，没有看他的社会适应能力，因此并不准确。必须把适应社会能力这个指标也考虑进来，才能全面地对智力障碍儿童进行分析和研究，从而进行相应的教育。针对智力障碍儿童的特点，通常所采取的课程有以下几种：专门的言语训练课程、生活能力培养课程、社会交往能力训练课程等。

对于智力障碍儿童教育的设备，国家教委在 1992 年颁布了《全日制盲、聋、弱智学校教学仪器配备目录》（试行草案），根据大纲的要求给出了需要的教学设备和仪器的详细目录。其中，音乐有 22 类，包括钢琴、电子琴、响板等在内的乐器，此外还包括了通用仪器中的音乐式记忆练习器等。

此外，其教学方法主要有以下几种：一是大量使用直观教具；二是以活动为主，其中游戏是一种重要的形式；三是使用任务分析策略，把教学任务划分为不同的步骤，每一个步骤就是一个教学任务，逐个完成。这些教学方法有着多样性的特点，在实际教学中，特别是在音乐教学中，一定要灵活运用，针对学生的具体情况具体对待。

（二）听觉障碍儿童

听觉障碍儿童是儿童中具有听觉障碍，并由此引起语言障碍的特殊群体，他们因为各种各样的原因而双耳损害，听不清楚甚至听不到周围世界的声音。

音乐是通过声音来表达情感的一门艺术，听觉障碍儿童听不到大自然的美妙声音，以至于失去了学习语言的权利，这也就给学习音乐带来了极大的困难，可以说是一件根本不可能完成的事情。他们彼此交流的时候或者是与正常人交流的时候，一般来说是运用手语进行沟通的。听觉障碍儿童的观察能力很强，因此他们与正常人沟通时，常会进行笔谈，或者通过看口形再结合表情理解意思。由于现代科学技术不断发展，有残余听力的听觉障碍儿童利用助听器或做人工耳蜗就可以或多或少地感受到大自然的美妙声音。

引起儿童听觉障碍的原因有很多，远比成人听觉障碍的原因复杂。一般分为先天性致聋和后天性致聋两大类因素。先天致聋，指出生时就存在耳聋现象，出生后不久就能发现，也有的在儿童时期才发现。后天致聋的因素主要有五种：全身性热性传染病、头部外伤、耳部炎症、代谢障碍、药物致聋。

听觉障碍儿童由于听觉障碍，感受语言的能力大大降低，在学习中与他人交流的程度、交流的范围都受到了一定的限制。听觉障碍儿童听力损失程度的大小，直接影响着其语言发展能力和理解能力。

（三）视觉障碍儿童

《中华人民共和国义务教育法》中将视觉障碍称作"盲"，而国务院在做残疾人抽样调查时使用的是"视力残疾"这个词，同样有论者称之为视觉障碍、视力损伤等。这些术语在表述以及实质上是有所不同的，这里为了行文方便，采用视觉障碍这个稍显折中的表述。

视觉障碍，是指由于各种原因导致双眼视觉障碍或视野缩小，在行动上难以完成普通人所能完成的工作和学习等活动。它包括低视力和盲两类。

视觉障碍儿童有自己的特点，其身体特点与心理特点都与常人有异。在身体方面，其身高、体重一般都比常人要低。身体机能上，其脉搏、血压和肺活量三个方面与普通人相比，差异并不大。而身体素质则比普通人稍差一些，其动作发展迟缓，影响了其在运动方面的发展。

视觉障碍儿童的心理特点与普通儿童和其他特殊儿童也有所不同。首先，视觉障碍儿童的语言没有障碍，基本上是正常儿童的水平，有时表现得还会更好一些。但是，这并不表明视觉障碍儿童的语言能力天生就特别好。其次，由于视觉障碍，他们视觉表象贫乏或没有视觉表象，所以在认识有形物体时比较困难。不过，通过训练，借助其他感知觉，这个问题可以得到解决。此外，人们通常认为视觉障碍儿童天生就有着良好的听觉与触觉，比较灵敏，这也是一个认识的误区。实际上，这是由于后天的训练、补偿的结果。所谓的"第六感觉"，也是通过长期练习，利用其他感知器官获得的，并不是视觉障碍儿童在这方面天生就优于一般儿童。只有认清了这一点，才能在教育时采取有效的方式和方法，不至于盲目地对视觉障碍儿童的其他感知觉表示乐观，从而减少或放弃训练。

对于视觉障碍儿童，在教育方法和内容也有特殊之处。在教学设备方面，教育部规定了308种仪器，包括了文化课教学的教具和活动课程的教具以及专门的教具。此外，还有两样重要的仪器，就是盲文和助视器。

在教学内容方面，视觉障碍儿童与普通儿童没有太大的区别，只是更多地强调要补偿他们的身心缺陷。其不同之处在于，视觉障碍儿童的教育更加注重培养他们克服视力困难的能力，如早期的方向辨别和定向行走训练、盲文的学习，以及生活能力的训练。在音乐教学方面，尽可能地不使用谱子，让他们更多地去听、赏音乐，感受音乐中不同的节奏、旋律以及不同乐器的音色所表现的不同音乐形象，理解乐曲所表达的思想感情，并进行口头评价。此外，在进行其他学科的教学时，也要更多地以语言为中心，尽可能多地使用口语进行教学。

在教学原则方面，视觉障碍儿童的教育既要遵循普通教育的一般教学原则，还要遵循自己特有的原则，如多种感觉渠道的综合利用、补偿学生的视觉缺陷、重视语言指导等。

（四）自闭症儿童

目前，理论界对于自闭症儿童尚没有恰当的定义，并且国家也没有法定意义上的界定，研究者又把这类儿童称为孤独症，实际指的是同一类儿童。世界卫生组织在 1992 年对这一类儿童的界定：一种弥漫性的发育障碍，在 3 岁以前出现发育受损。

自闭症的成因非常复杂，研究表明，儿童早期发育受损，既有生物学的原因，也有神经生物学的原因，即自闭症基因。但是，这种说法相对于遗传基因来说，还需要进一步的研究来证明。在身体特点上，他们动作一般比普通儿童要迟缓一些，并且缺乏协调性，身体平衡能力差，易于摔倒。在我们国家，男孩子自闭症的发病率明显高于女孩子。出现这种情况的原因有几个方面：一是自闭症儿童的标准降低；二是环境污染；三是随着社会的发展和科学技术的进步，人们对于这类儿童的关注日益加强。

目前我们国家对于自闭症儿童研究的结果表明，他们有着一个非常明显的特征：由于存在严重的语言障碍，因此社会交往能力和技巧缺乏，身心发展不平衡。语言障碍表现在语言发展迟缓、语言发展异常等几个方面。有一些儿童的语言能力是从小就差，而另一些则是慢慢退化的，是想说话而没有机会造成的。他们会重复一些别人看来毫无意义的动作，并且这些动作刻板而迟缓。由于长时间的言语障碍，他们与人交往的欲望和能力都逐渐降低，难以积累正常交往所必需的技巧。时间一长，他们的身心发展难以平衡，感知觉也变得迟钝，尽管偶尔也表现出非常敏感，但总的来说，比普通人的发展还是要缓慢得多。

对于自闭症儿童的教育，世界上目前并无非常好的办法，只能从症状上减轻而不能从根本上消除。自闭症儿童的教育与训练内容非常丰富，主要有言语训练、生活能力训练、交往能力以及感知机能训练，文化知识的学习与其他特殊儿童教育大致相同。从他们的显著特点来看，主要是交往能力落后，所以有学者将他们归之于交往异常儿童。从研究音乐教育的角度来讲，教师也更愿意从交往能力的培养上入手，因为通过有效的音乐组织和活动，最能提高他们合作的能力，增加其交流的机会。

在教育方法上，常用的有心理咨询中的系统脱敏法、行为改变技术中的正强化原理和方法等。但是，值得注意的是，对于自闭症儿童的言语障碍来说，短期的训练不一定有良好的效果，需要长期的训练。在训练过程中，一定要明确内容，使目标易于实现，否则就不能达到预期的目的。另外，要多种教育和训练方法综合运用，针对具体情况灵活对待。

第三节　特殊儿童的教育任务

一、新时代教育思想方针

（一）着眼教育强国

习近平总书记指出："建设教育强国是中华民族伟大复兴的基础工程。"强国先强教，大国复兴，教育不能缺席。教育目的问题事关培养人的总目标，是引领教育事业发展与建设教育强国的出发点，是我国国民素质与社会文明程度提升的总要求，它预设了我国人力资源发展的整体效能。

为了顺利实现现代化目标，建设教育强国，就亟须构建有中国特色的教育目的。所谓有中国特色的教育目的，就是坚持中国特色社会主义的教育目的，也就是兼具实践特色、理论特色、民族特色、时代特色的教育目的。我们强调的全面发展，是"每个人"的全面发展，而不是一个人的全面发展，这本身就是一个集体主义的命题。

教育目的的每一项内容都关乎人才培养的根本，任何一个环节的错漏都会影响人才培养的全局。由此可见，如何构建中国特色的教育目的问题，关乎我国建设教育强国进而实现社会主义现代化的根本，这就要求教育工作者在贯彻党的思想的同时，增强忧患意识，厘清西方教育目的与我国教育目的的本质区别，牢固树立"四个意识",坚定"四个自信",着力推动马克思主义教育目的理论创新,共同构建有中国特色的教育目的。

(二)坚持实践导向

理论的生命力在于实践,贯彻教育目的的实践是教育目的理论研究的出发点与最终归宿。历经百年探索,党关于教育目的的认识已成熟化与时代化,关键问题就在于如何发挥教育目的理论指导实践的作用,促使教育目的的实然性趋近于应然性,这需要我们从自上而下、自下而上两个方向提升教育目的理论的执行力。

因此,自上而下提升教育目的理论的执行力,首先应保证党对教育目的总体方向的把握具有连续性与现实性,更深层次地说,就是要确保党的领导坚强有力。历经百年沧桑,中国共产党已然成长为有着完整组织体系和强大执行力的执政党,其在教育目的总体方向上的把握是高度成熟且具有连续性的。

党的十九届四中全会指出:我国国家治理体系和治理能力是中国特色社会主义制度及其执行力的集中体现。因此,当前阶段自上而下提升教育目的理论的执行力,关键在于探索教育目的执行、评价与监督的科学制度体系,通过强化制度的刚性作用推进教育治理体系和治理能力现代化,如健全劳动素养评价制度等。

另外,自下而上提升教育目的理论的执行力,实现理论向实践的飞跃,就要求理论为群众所掌握,毛泽东指出:"代表先进阶级的正确思想,一旦被群众掌握,就会变成改造社会、改造世界的物质力量。"为了使教育目的为群众所掌握,就需要从人民主体地位出发,使群众感受到教育目的是"为了谁""由谁享有",使教育目的的价值导向与满足人民群众对美好生活的需求导向相契合,使其把认同与贯彻教育目的作为一种自觉行为,进而从根本上提升教育目的理论的执行力。

(三)面向未来挑战

理论的生命力还在于创新。在经济全球化时代,中国不仅需要应对本国的教育现代化改革与治理,还必须深度参与全球教育治理,直面不同教育理念的挑战。在这一背景下,教育目的理论守正、创新的重要性与紧迫性进一步凸显。

教育目的理论的发展要坚持守正与创新的辩证统一。

一方面,守正是根基,教育目的的守正就是要坚持马克思主义教育目的理论的基本思想。习近平总书记指出:"马克思列宁主义、毛泽东思想一定不能丢,丢了就丧失根本。"马克思主义经典作家关于教育目的的基本构想,揭示了教育目的确立的基本规律,根据不同时代具体特征对其进行挖掘与再思考,是中国共产党进一步深化对教育目的认识的理论工具与重要依据。

另一方面,创新是源泉,推进教育目的理论的创新要求我们兼顾政治性、学术性与开放性。过于侧重政治与社会发展需要,不顾教育本身的规律,容易出现实践上错乱频出、脱离民心民意、功利主义盛行等问题。过于注重教育目的的学术性,又容易出现脱离社会发展实际、缺乏理论应用的土壤、难以落地生根的问题。过于强调教育目的的已有的本土化理论,不去吸收借鉴他国经验,不参与全球教育治理与创新,容易导致教育目的、缺乏前瞻性与理论兼容性等问题,这也不符合中国这样一个世界教育大国的定位。

推进教育目的理论的守正创新还要求我们在把握世界发展大势的基础上,主动应变、积极求变。以互联网信息技术为核心的新一轮科技革命,正在深刻改变着人们的生产与生活方式,正在引领世界发展与变革的潮流,也相应地影响着教育模式和教育理念的创新与发展。早在1958年,美国的《国防教育法》就明文规定:"为了国家安全,需要最大限度地发展男女青年的智慧和技术。"英国的《教育改革法》在教育目的的规定上,也提出要发展学生的"信息技术"这一技能。

一方面,随着科学技术在经济建设、国防建设等领域的应用进一步拓展,科技教育对于维护国家安全的长远作用日益凸显。

另一方面,科学技术本质上具有创新、创造以及解决问题的实践精神,人的发展也是在积累知识、解决问题的过程中实现的,通过科技教育帮助受教育者树立科学技术观从而指导个体实践,有利于实现教育的终极目标。马克思主义经典作家也曾提出要通过综合技术教育实现人的全面发展。科学技术的突飞猛进也为实现共产主义创造了可能,这关乎中国共产党实现最高理想与最终目标的历史进程。

因此,将科技教育纳入教育目的体系是新发展阶段中国共产党推进马克思主义教育目的理论创新的应有之义。

二、特殊儿童的教育任务

特殊教育是我国基础教育中的重要组成部分,特殊儿童的教育工作也是我国教育领域所要面对的一个重要问题。针对特殊教育的教育对象存在的特殊性,确立有针对性的特殊教育任务,对我国特殊教育事业的优化有着一定的促进作用。在特殊儿童社会适应能力和心理素质问题得到关注的情况下,对特殊儿童培养目标定位问题的探究，可以为我国特殊教育事业的发展提供一定的帮助。

（一）关注特殊儿童生存发展能力的培养

从我国教育部门所颁布的特殊学校课程设置实验方案中可以看出，特殊儿童的社会适应能力已经成为特殊教育领域的一个重要目标。从《聋校义务教育课程设置实验方案》的有关规定来看，特殊儿童的独立生活能力和社会适应能力的发展问题已经成为特殊教育领域关注的重要问题。对特殊儿童的生存发展能力问题的关注，也是由这些特殊儿童的自身特点所决定的。在缺乏专门化的教育训练的情况下，这些特殊儿童可能难以对社会生活所必需的经验和技能进行充分了解。对此，在生存发展能力的培养过程中，特殊教育机构的教育人员首先需要对特殊儿童的生活自理能力进行强化。

在特殊儿童的培养工作的开展过程中，教师也需要向他们讲授一些日常生活的基本常识。在特殊儿童思想政治教育工作的开展过程中，教师可以指导他们对家乡的历史文化和发展变化进行了解，以便让他们更好地感受到时代发展给他们的日常生活所带来的优越条件。为了提升特殊儿童的生存发展能力，教师在思想政治教育的开展过程中也需要对他们的团结互助意识、关爱他人的意识和集体意识进行有效强化。

（二）关注特殊儿童的心理素质的培养

1. 引导特殊儿童正确认识自身的缺陷

对特殊儿童的生活自信心进行强化，是教师在构建特殊儿童培养目标的过程中所要关注的一个重要问题。在针对特殊儿童的教学活动的开展过程中，教师会在对与残疾、障碍形成原因有关的书籍进行查阅以后，将相关资料传递给学生，让他们对自身的缺陷问题形成正确认识。

在让特殊儿童对身体残障问题给日常生活所带来的不便之处进行了解的同时，教师也需要让特殊儿童对自身存在的一些长处进行了解，以便让特殊儿童在对自己身体状况这一事实进行客观了解以后增强自信心。帮助特殊儿童构建符合其自身特点的发展目标，并在其达成目标以后给予一定的奖励，可以让儿童获得成就感，对自身的潜能进行充分了解。

2. 针对特殊儿童对美好生活的感受能力进行培养

对于特殊儿童而言，特殊教育与他们的终身发展存在着至关重要的联系。从特殊儿童的培养目标来看，对特殊儿童感受美好生活的能力进行培养，可以让他们在日常生活中保持一种积极乐观的人生态度。在对特殊儿童的这一能力进行培养的过程中，教师可以让特殊儿童对身边自然环境的变化进行观察，进而让他们在学习过程中对大自然的造化之美进行充分感悟。在思想政治教育工作的开展过程中，教师可以从社会对残疾人士的关怀入手，让学生从身边的实例中对人性的善良进行感悟，也可以以残疾人士的事迹为案例，对特殊儿童的意志品质进行培养。

（三）关注特殊儿童的个体差异

1. 尊重特殊儿童的独特性

对特殊儿童的独特性的尊重，也是新时期特殊学校义务教育课程设置方案所表现出来的一大特点。最新出台的《聋校义务教育课程设置实验方案》要求特殊教育学校要从特殊儿童的身心发展特点入手，对教学课程进行设置。为了更好地落实国家的相关要求，教师需要对特殊儿童认识世界的独特方式进行充分尊重，对特殊儿童的独立人格和精神世界进行充分尊重。为每一个特殊儿童都提供一种相对公平的成长发展机会，可以让特殊儿童在学习和生活中更好地感受到生命成长的快乐。

2. 使用个别化的教育教学手段

针对特殊儿童之间个别差异相对较大的问题，为了让每一个儿童在学习过程中都能在现有的基础上有所进步，教师需要运用个别化的教学手段。对此，特殊教育教师在教学工作的开展过程中首先要对儿童的障碍形成原因（先天性因素或者是与事故、疾病等因素有关的后天性因素）、认知发展水平、学习能力和个性发展状况进行了解，进而在对学生的长处和不足之处进行了解后因材施教。

对生命的尊重是特殊教育的主要特点，从特殊儿童培养目标的定位来看，在尊重特殊儿童个体差异的基础上，培养他们的发展能力和心理素质，是对特殊儿童的社会适应能力进行提升的一种有效方式。

第四节　音乐教育与特殊教育

一、音乐教育

在教育领域，音乐教育和艺术教育、审美教育、文化教育一样都在人的全面发展教育中起到重要作用；在音乐领域，音乐教育是社会音乐文化继承与发展的重要基础。

我国的教育方式普遍受传统应试教育的影响，音乐教育在各个阶段的发展不够充分，音乐教学活动的质量参差不齐。正因如此，学生的音乐知识储备量和文化素质水平也参差不齐，只有部分学生能掌握基本的乐理常识，具备基本的音乐鉴赏技能。这都为音乐教育的改革发展设下了众多的障碍。

然而，通过在学校里开展各式各样的音乐教育活动，能够帮助学生陶冶情操，提升气质；通过了解和学习国外的优秀音乐作品，能够开阔学生的音乐文化视野；通过建设多元化音乐教学体系，能够助力音乐教学改革。学生们的音乐学习内容不再局限于国内的《经典永流传》，而是扩展到世界的各个角落，能够体验不同民族丰富多彩的音乐传统和文化。在这个过程中，学生的思维模式得到了转变，教师也能很好地践行"全面发展"的教育理念。学生的学习习惯、道德观念、文化素养等都会有所改善。

只有让学生对全球文化有基本的了解，学生才能学习到如何平等对待各国文化，并在此基础上通过对本国文化与国外文化的对比，对本国文化产生更深层次的认识和理解。这样，有利于学生继承与发扬我国的传统文化，致力于我国传统文化的传承与发展。这些都是在学校里开展多元化音乐教育的重要意义。

二、特殊教育

特殊教育是一种旨在通过一般或专门设计的教科书、课程，采用专用的教学设备、对象组织方法和教学方法以满足特殊人群的特殊需要或满足某些教育需要的教育形式。它所包含的含义具有以下三个层次。

第一，除了执行针对特殊教育培训目标的普通教育要求外，还要体现出特殊人群不同的生理及心理特点，如包含特殊人群在内的学校教育，其总目标均为贯彻德智体美劳全面发展的方针，但可按特殊人群的实际情况对他们进行相应的教育、教学及训练，提出能够与实际切合的要求。

第二，特殊教育可与普通教育的教材、课程、教学组织形式、教学设备及教学方法相同。

第三，特殊教育必须针对特殊人群的特点设计出特殊的教材、课程以及教学组织形式，在教学设备和教学方法上也需要特殊设计。

以上定义是我国理论界最为认可的一种说法，也是目前国内学者使用频率最高的。

三、音乐教育与特殊教育的联系

随着特殊教育的不断发展，音乐教育作为特殊教育中不可或缺的一部分，得到了越来越多的重视，可以说音乐教育对特殊教育而言具有重要意义。

在特殊儿童音乐教育研究过程中，关于音乐教育对特殊教育的不同意义曾出现过不同的观点：一部分学者认为特殊教育中音乐教育的意义在于康复补偿，更着重强调音乐教育的音乐治疗功能，认为使特殊儿童进行音乐学习或练习完全是出于治疗的目的。特殊教育领域中的音乐课程与普通基础教育中的音乐课程不尽相同，更多的属于音乐治疗范畴。因为残障儿童很难通过普通音乐课达到提高音乐修养与开发音乐潜能的目的，而预期出现的效果是通过音乐治疗手段恢复其心理、生理的功能，补偿其智力和适应行为上的缺陷，争取使他们能够适应正常生活、适应社会。

也有一些学者明确地将音乐教育中的教育提高与音乐治疗区别开来，认为教育提高与音乐治疗在特殊教育领域中是各自独立的，在同样使一名学生能够演奏一种乐器的过程中，应该依据教学者的优先目标来确定是教育性行为还是治疗性行为。

此外，还有学者认为，音乐教育应兼具教育提高与音乐治疗的双重意义，特殊教育中的音乐教育要走"医教结合"的路线。

首先，音乐治疗对于视觉障碍、听觉障碍及发展性障碍群体具有康复补偿意义。

关于音乐治疗，我国学者曾经给出了这样的定义：以心理治疗理论和方法为基础，运用音乐特有的生理、心理效应，通过各种专门设计的音乐行为和音乐体验，达到消除心理障碍、恢复和增进身心健康的目的。

"视觉障碍，又称视力残疾、视觉缺陷，也称视觉损伤，一般包括盲与低视力两类。"调查显示：35%左右的视觉障碍儿童会或多或少地出现"盲态"。具体分为姿势盲态、行为盲态、行走盲态和综合盲态四类。

音乐治疗对视觉障碍儿童"盲态"的预防与矫正及定向行走能力的培养有着积极的意义。如在欣赏较舒缓悠扬的音乐旋律时，教师可引导学生放松四肢、放松面部表情；在欣赏进行曲等节奏较快的乐曲时，可鼓励视觉障碍儿童根据内心的感受做出立正、原地踏步、齐步走等动作，这对于矫正视觉障碍儿童的盲态极有益处，并且在视觉障碍儿童的相关练习中，本身就有随着乐曲定向行走的相关训练。

此外，音乐治疗对于视觉障碍儿童的感知培养与训练也有着重要的意义。眼睛是获取外部信息的重要器官，由于视觉障碍儿童不同程度上的低视力或失去视力，因此听觉与触觉成为视觉障碍儿童认识外界、获取外部信息的重要途径。音乐作为一种听觉艺术，对于视觉障碍儿童听觉的训练有着不可忽视的重要意义。在音乐教学中，通过听音、欣赏等多种有效途径可以对视觉障碍儿童的两大感知系统——听觉与触觉进行不同程度的训练，提高视觉障碍儿童的感受能力，从而缩短他们与正常儿童在心智发展上的差距。

其次，音乐教育对于视觉障碍、听觉障碍及发展性障碍群体具备教育提高的意义。这种教育提高包括音乐素质的提高与综合素质的提高。

无数的例子向我们证明：特殊儿童也可以像正常儿童一样热爱音乐、学习音乐，感受音乐带给自己的感动与热情，接受音乐的熏陶，特殊儿童一样可以拥有巨大的音乐潜力与造诣。因此，我们使特殊儿童接触音乐，并不应仅仅出于康复治疗的目的，更应该从提高特殊儿童对音乐的兴趣、健全他们的人格、开发他们在音乐方面的潜能的角度考虑。

音乐教育对于特殊儿童的人格完善、性格培养及沟通交流能力等综合素质的提高也有着不容忽视的作用。我们对特殊儿童进行教育的主要目的就是使他们将来适应社会，融入社会当中。音乐教育能够帮助特殊儿童提高人际交往的能力，特殊儿童在音乐活动中可以通过协同演唱、演奏达到交流思想的目的，从而增进相互之间的了解。如合唱、集体舞蹈等还可以增强特殊儿童的群体意识。

与此同时，音乐教育对特殊儿童培养健康个性、发展正确的社会行为、发展学习能力等均有不同程度的帮助，同样也能够起到丰富情感体验、提高想象与联想能力以及表现和创造力的作用。

第五节　特殊音乐教育的作用与意义

一、特殊音乐教育界定

特殊音乐教育指的是根据特殊人群（视力、听力、智力障碍等）的个体化差异，为教育对象量身打造的一种音乐教育手段，涵盖了教育模式、教育内容、课堂组织等。

二、特殊音乐教育的作用与意义

（一）树立正确的人生观

特殊儿童在社会交往能力方面存在着很大的缺陷，这严重影响了特殊儿童的正常发展。所以，在音乐教育活动中，可以开展大声朗读歌词等活动，对特殊儿童进行思想教育，使其树立正确的人生观。

（二）发展运动功能系统

正是因为智力障碍学生在智力方面的缺失，所以他们天生就不是什么运动健将，更多的是依靠长期的训练才能使运动功能系统保持在一定的水平。演唱、演奏等教学内容的配合，为发展智力障碍学生的运动功能提供了一个平台。正如我们所知，电子琴演奏可以发展手指功能的运动系统，给予智力障碍学生足够的自信。

（三）拓展交流互动的能力

智力障碍学生在脑结构和发展上存在着先天的不足，所以有部分学生的表述不是很准确。而要提高学生的表述能力，不能单纯地依靠语文课和常识课的学习，也要综合其他学科的学习。音乐依靠歌词可以发展学生互相交流的能力，背诵歌词也可以使得智力障碍学生发展语言方面的才能。

第二章　特殊音乐教育的历史

绵延千年的中国传统文化，以其深厚的底蕴在历史的长河中闪烁着智慧的光芒，犹如指路明灯引导着教育理论与实践的进步和发展。素有礼仪之邦美称的中国，从古至今都有对弱势群体的关爱与帮助，传承了乐善好施、救危助困的传统美德，为近代特殊音乐教育的形成和发展提供了适宜的文化土壤。本章分为五部分，主要包括古代特殊音乐教育、晚清的特殊音乐教育、民国时期的特殊音乐教育、新中国成立初期的特殊音乐教育、改革开放以来的特殊音乐教育。

第一节　古代的特殊音乐教育

一、古代残疾人音乐教育发展历程

（一）远古时期的残疾人音乐教育

远古时期，宗教还未成型之前，巫术信仰与巫术活动便已产生，因为那个时代的人们普遍相信苍穹与土地之间有所谓的上界"神"的存在，于是出现了对天象、大地、山石、水火、动物等的神灵崇拜及图腾崇拜。先民们在各种巫术仪式中，模仿着所信仰"神灵"的样子，发出接近于自然的声音，想寻求与"神灵"的共鸣，而这便是音乐的雏形。

原始社会是人类发展史的第一个阶段。由于年代久远，文字资料匮乏，要考证当时的残疾人音乐教育状况已根本不可能，但我们还是可以从残疾人教育和音乐教育发展史中了解一二的。古代音乐与人类的生产、生活密切相关，最初的歌曲大多产生于原始人类的生产生活和情感生活当中，是人类长期生产实践、积累、总结和传承的结果，情感率真，内容质朴。当时的音乐教育不仅娱乐了人们的生活，提供给世人美的享受，而且一定程度上起到了传播农业、祭祀、畜牧、图腾等各方面知识的作用。

（二）夏商时期的残疾人音乐教育

夏商，掀开了华夏文明的历史序幕，礼乐滥觞于夏商，"礼乐制"确立于西周。如今中国巍然屹立于世界民族之林，被称为"礼仪之邦"，对"礼"的尊崇，已融进我们华夏子女的血脉。

商周时期的教育较夏代又有了很大的发展，礼乐制度中的教育体系已比较完备，残疾人接受音乐培训也比较正规。在商代的教育系统中，教育大致分为三个层次：大学—右学—瞽宗。而"瞽蒙"则是先秦时期的盲人乐官，是音乐活动施行的群体之一，推动了礼乐的发展，并兼具祭祀、表演、教育、讽谏等社会职能为一体，具有较高的社会地位。夏商两代，宫廷中存在大量用乐的活动，瞽蒙在宫廷中的音乐活动主要表现在以下几个方面。

其一为"听音辨气"，先民们对自然界的种种现象持敬畏态度，对气候季节的判断主要依靠天象的观测，"听协风，以成乐物生"便为佐证。瞽蒙有一种原始职能，便是省风变音、为和庶事。风与中国古代音乐有着密不可分的关系，歌咏中的"风"，与具有特定的乐调、乐器意义的"雅""颂"不同。其为源于自然的一种声音元素，就本源而言，风为"风土""风谣"。古人将八面之风及森林溪谷等白噪音作为模仿对象，进而创造乐。《山海经·大荒西经》载："始作乐风。"可见，风即乐，乐即风。听风辨音，目的是确定节气，协农事，成万物。

其二为"用乐记史"，甲骨卜辞，始于商且终于商。那么在文字未产生前或在文字发展的初级阶段，信息的记录则主要依靠口传心记的方式。韦昭译："工，为瞽师也。史，为太史也。"可见，瞽蒙虽目盲，但因记忆力及听觉优势，担任口传心授诵记历史的职能，便有"瞽史"之称谓。瞽蒙诵记历史的方式较为特别，将音乐与简单具有韵律的言语相结合，编成格式整齐、音韵和谐的"诗"。如荀子《成相篇》等，可看出韵语特点。可见瞽蒙便是将"乐、诗"与"史"相结合，以便能够达到较理想的记忆速度，并更有利于史实的传承。

其三为"赞礼表演"。瞽者主要承担着巫术职能，巫为歌、乐、舞三位一体，不可分割，先民认为其可通天地，通神灵，致群神。知乐、善乐的瞽者便在祭祀、典礼等带有宗教色彩的活动中担任着极为重要的角色。《诗经·周颂·有瞽》载："设业设虡，崇牙树羽。……肃雍和鸣，先祖是听。"描绘了在与先祖之灵团聚的宗教仪式中，瞽蒙在其活动中所扮演的重要角色。《诗经·商颂·那》中记载：

"奏鼓简简，衎我烈祖。……既和且平，依我磬声。"这同样也是描写商代祭祀先祖时的音乐舞蹈活动，除却宫廷中祭祀乐舞的表演，奴隶主的宴饮享乐中必然也不会缺少音乐的助兴。大量的出土文物及乐人的陪葬情况，均可见宫廷娱乐体系的庞大，殷商更甚。

殷商时期的音乐与今天的音乐完全不同，它的地位十分重要，作用不完全是娱乐，还可以用来作为重大社会文化和政治活动的仪式，多出现在祭祀、宴享、大射、大丧等重要时刻，《诗经·大雅·灵台》和《诗经·周颂·有瞽》就描写了盲人乐工在祭祀、欢宴场面的演奏活动。

（三）西周的残疾人音乐教育

进入周代，西周的统治者继承了前朝传统，对礼法体系进行完善，使其能够更适用于宗法制，"礼乐制"便由此确立。"礼乐制"夯实了华夏文明的基础，开创了儒家文明的先河，奏响了礼仪之邦的序曲。瞽矇以传播礼乐为主，并兼具多种职能为一身，音乐活动随之扩充，为先秦礼乐的发展贡献出全部精神与力量。

周部族是我国黄土高原上兴起的一个古老部族。因其所居地为周原，故号为"周"。周人经过数代的努力，终在武王时期，推翻了殷商大国，建立周王朝，史称西周。周初，周公审时度势，全力推行宗法制及分封制，将周王族的成员分封各地去建立新的邦国，以扩大周王朝的影响及巩固王权。

我国首个规模宏大、制度完善的音乐机构"大司乐"就在该时期建立，随之礼乐文化的各个方面快速发展。如，取前朝经典乐舞之精华创编《大武》，现合称六代乐舞；八音分类，即将乐器根据材质进行分类，此为我国最早的乐器分类方法；"乐悬制度"的确立，为维护西周统治秩序及推动礼乐方面的发展发挥了极大的作用；雅乐体系的制定，则将周代乐舞推向一个高峰。以上这些，均是我国奴隶社会时期音乐文化发展的产物，标志着音乐和政治完美结合的"礼乐制度"在这一时期得到了充分的发展和完善。

西周时期，统治者制礼作乐来维护政治稳固。"礼乐"包括两个层面："礼"为周朝生活的规范，是各种制度的总称；"乐"则是实践"礼"的方式。而礼乐必然要有其相对应的执行者。这些执行者在《周礼》中可找到较为准确的职能叙述，实施礼乐的正是宫廷中的乐官。

西周时期，礼乐制的确立，使瞽矇群体的发展有了系统的管理体系，大司乐的创建，为瞽矇群体的发展提供了更固定统一的管理部门，因此其在宫廷中的音乐活动随之扩充，主要表现在以下几个方面。

第二章 特殊音乐教育的历史

其一为"诵诗讽谏"。西周时期，《周礼·春官·瞽蒙》载："讽诵诗，世奠系。"这明确了瞽"诗史"的职能。同时，这一时期，这一职能也由单纯的记录历史转变为向统治者诵诗讽谏。瞽蒙能够通过诵诗来提醒君王的得失。诵诗内容主要有两类：一为根据历史典故劝诫天子；二为通过采风的方式，将民间百姓的声音汇报给君王。如《汉书·食货志》载："以采诗，献之大师，比其音律，以闻于天子。"由此可知，在先秦时期瞽者不但是"乐"的传承者，也是"诗史"的载体，且勇于谏言，能够劝诫君主，可见其在宫廷中具有较高的地位。

此外，《国语·周语上》记载："故天子听政，使公卿至于列士献诗，瞽献曲，史献书，师箴，瞍赋，矇诵，百工谏，庶人传语，近臣尽规，亲戚补察，瞽、史教诲，耆、艾修之，而后王斟酌焉，是以行事而不悖。"《左传·襄公十四年》记载："史为书，瞽为诗，工诵箴谏。"在向君王进谏的队伍中，献曲者、箴砭者、赋诗者、颂诗者、教诲者都是盲人。所以，《史记·乐书》中说"上古明王举乐者，非以娱心自乐，快意恣欲"。

其二为"诗乐习礼"。《礼记·明堂位》载："瞽宗，殷学也。"可见，殷商时便已建立乐舞方面的教育机构。西周时期，统治者继承瞽宗并进一步明确瞽宗的师者、受教育对象、教育内容及教育方式等。礼乐教育是西周王朝培养贵族的重要手段。《汉书·礼乐志》记述到："国子的教师为卿大夫师瞽以下，均选择'德'与'乐'较优秀者，朝夕习业。"当时形成了一套以音乐、诗歌、舞蹈、礼仪为综合内容的教育体系，教育对象主要为贵族子弟及乐官。先秦时期，教育分为以宫廷为代表的官学教育和以孔子私塾为代表的私学教育。瞽宗为官学，教育内容围绕"六艺""六乐""乐德""乐语"展开。从这些教育内容可看出，先秦时期极其注重乐的教化作用。在以上这些教育活动中均由瞽蒙和大师负责教学。

西周时期，不只盲人可以参与音乐活动，此外还有其他类型的残疾人。《国语·晋语四》："戚施直镈，蘧蒢蒙璆。"戚施是指驼背的佝偻病人，蘧蒢是鸡胸的佝偻病人，直镈是指敲钟，蒙是指击磬。这两类肢体残疾者也可以学习音乐，担当乐工。

（四）西周以后封建社会的残疾人音乐教育

在西周以后长达两千多年的封建社会，中国对于健全人的普通教育伴随着经济社会的发展得到了极大的完善和发展，而针对残疾人的特殊教育，由于受当时的经济、政治、文化、科学等的影响，在漫长的封建时代，没有一所专为残疾人开办的官方学校。古代中国对于残疾人的教育与培养甚少关注。从史实中我们可以看出，我国对于残疾人实施的教育，如果说在西周时期处于鼎盛阶段的话，那么自秦以后直至清王朝，一直处于萎缩的状态。

二、古代残疾人音乐教育发展特点

我国历史上先后出现了众多的学派，影响着人们的思想。古代残疾人音乐教育也不断受到历史文化、思想观念的冲击，因此，古代残疾人音乐教育与现代特殊音乐教育相比较，在教育特点上存在着很大的不同。

我国古代残疾人音乐教育主要具有以下特点。

首先，培养对象的固定性。在我国古代，关于"瞽"的词有很多，如"瞽宗""瞽旷""瞽词"等，这些词汇都与古代的音乐有关。由此可以看出，我国古代残疾人音乐教育的对象以盲人为主。由于古代还没有记谱法，所以主要依靠学习者的记忆力，而在这方面盲人较聋哑人更具有优势，因聋哑人难以捕捉到声音信息，在沟通方面存在一定的障碍。

同时，对于智力障碍者来说，虽然他们没有接收声音信息的阻碍，但普遍存在记忆力、理解力等认知方面的阻碍，所以也很难掌握音乐技能。在我国古代，有不少盲人从事音乐活动，不仅承担演奏的任务，同时也负责传授技艺。

其次，职业化的培训目的。我国古代残疾人音乐教育主要针对盲人，以培养演奏和演唱技能为目标，以谋生为主要目的。相比于现代特殊音乐教育，其缺少了对思想、道德、素养的培养。

最后，单一的教学形式。我国古代残疾人音乐教育教学对象单一，仅仅是针对盲人，并且多为盲人教师进行教学，以口传心授的方式教授，不仅教学模式单一，教学方法也单一。

三、古代残疾人音乐教育对现代特殊音乐教育的启示

（一）加强传统文化的融入

当前我国的特殊音乐教育还处于初步发展阶段，主要原因并不是中国音乐本身存在问题，而是人们在评价音乐时，角度和标准方面出现了偏差。我国传统音乐较西方音乐更具独特的韵味，是我国无数先贤通过不断的努力传承下来的民族瑰宝，相比于西方音乐有着更丰富的审美意境。

我国现代特殊音乐教育的原形是古代残疾人音乐教育，因而在现代特殊音

乐教育中更要加强传统文化元素的融入，使学生在传统音乐学习中体会到我国博大精深的民族文化，激发学生对传统音乐的兴趣。古代传统音乐以儒家和道家等思想为基础，讲求提升学习者的整体素质。我们在现代特殊音乐教育中要重视传授音乐中所蕴含的哲学思想和道理，将中国传统文化渗透到现代特殊音乐教育中。

（二）突出音乐文化的主导地位

音乐教育的职能是推动美育，传承音乐文化，促进学生全面发展。音乐教育工作者不能以欣赏西方音乐的思维来欣赏中国传统音乐，这就要求现代特殊音乐教育工作者首先要提高自身的文化素养，深入传统音乐去了解传统音乐的内涵，挖掘我国传统音乐的民族特性与人文色彩。特殊音乐教育工作者在进行教学时，不仅要传承传统音乐曲目，更要将鉴赏传统音乐的思维方式传授给学生。

（三）开发音乐职业教育课程

与古代残疾人音乐教育相比，现代特殊音乐教育的职业化意识较为淡薄，虽然国家加大了对残疾人就业的扶持力度，社会思想也在转变，但由于残疾人能力的局限性，很难找到适合自己的工作。针对不同类型的特殊教育对象，应采取因材施教的方法，摒弃"千篇一律"的教学模式。

对有意愿以音乐教育为职业的学生，特殊学校可以效仿古代残疾人音乐教育的模式，开发音乐职业教育课程，以音乐知识传授和技能培训为主，其他学科作为辅助，重点发展学生的音乐特长。同时，学校应该帮助学生规划职业道路，提高特殊人群的就业率，为社会输送人才。

一、晚清特殊教育产生的历史背景

中国自古就有尊养和善待残疾人的优秀传统思想，为了维护国家政局的稳定，也会关注残疾人这一弱势群体。他们减免残疾人的赋税徭役，灾荒年间政府实施赈米、赐谷等养疾政策以及历朝为鳏寡孤独者设置医馆药局等，这些举措体现了中国古代社会为残疾人创造了较为宽松的社会生存环境。但真正具有现代意义的特殊教育范式萌发于近代社会，清政府统治力的削弱，反而为特殊教育的引入创造条件，加上西方文化的传播及新教育的产生，为特殊教育的引进和发展提供了有利环境。

鸦片战争的爆发以及相继的困扰与接踵而来的外患，给中国社会带来前所未有的巨变，但清政府面对外界的刺激并未做出应有的回应，各级政府仍然延续着以往森严的等级秩序，导致"下层统治机构权力过小，上层因权力过于集中而疲于奔命"。

清政府保守的统治使其本身带有极强的惰性，但与西方列强签订的不平等条约使其不得不做出让步，不断扩大了传教士在华的特权。协议签订后，传教士被允许在通商五口开展各项活动，也包括进行宗教活动。如1844年7月，中美《望厦条约》第十八款规定："准合众国官民延请中国各方士民人等教习各方语音，并帮办文墨事件。"同年10月中法签订的《黄埔条约》中，第二十二款提出允许法兰西人在五口居住地方办礼拜堂、学房等设施。这些条约为日后法兰西人进一步向内地建立各项传教设施打开了方便之门。

继而，传教士不满足仅在通商五口居住，活动范围逐渐向中国内地延伸，为取得内地传教的"合法性"，各国与清政府签订的不平等条约中直接加入"允许传教"一条，并附带开办学校的特权。如1868年《中美续增条约》第七条规定："美国人可以在中国按约指准外国人居住地方设立学堂。"这也为外国人开办特殊学校创造了条件。

不平等条约的签订，实则为各国传教士打开了内地传教的"绿色通道"，最初教会创办的特殊学校更多是借当时中国人对西学的迫切需要来吸引残疾人成为信徒，进而成为传教助手。

清政府对待外国人在内地设立学堂的态度明则不反对，实则以消极的态度加以抵制，如1906年学部颁布的《咨各省督抚为外人设学无庸立案文》指出："如有外国人呈请在内地开设学堂者，亦均无庸立案，所有学生，概不给予奖励。"政府对此事既不干涉也不支持，传教士在中国开办的特殊学校不在中国教育体制的管辖范围内，自然有相对宽松的发展空间。他们仿照西方特殊学校的办学模式，移植了西方新式的教学方法、班级授课制等内容，形成了特殊学校的基本雏形。

二、晚清特殊教育的开端

从明朝晚期开始，出于经济、军事和政治方面的目的，陆续有西方国家来到中国进行资本扩张。到了清朝尤其是清朝后期，西方国家的对外扩张更多带有文化侵略和精神拓荒的趋势。大批传教士涌入中国，对近代中国社会诸方面产生了深远影响，其中"基督教在教育方面影响最强"。

在西学东渐的时代背景下，通过传教士与国人对特殊教育的宣传与倡导，这一新兴的教育形式逐渐被大众所了解，残疾人从受救济人群转变成受教育对象。

社会上对特殊教育的舆论宣传及教会特殊学校的初步建立，为中国近代教育的发展注入了新的元素。

（一）清末特殊教育的舆论宣传

鸦片战争的坚船利炮轰开了清王朝闭关紧锁的国门，也带来了西方的科学文化知识和思想学说。最初，国人对盲、聋、哑的致病原因不甚了解，更不会关注残疾人的教育问题，传教士成为早期宣传特殊教育的主要群体。

美国北长老会传教士丁韪良，曾专门对特殊教育进行相关的介绍，他认为聋者、瞽者以及既聋又瞽者皆有特殊的教法和实施教育的必要。这些思想多是从教育全局的整体意义出发对特殊教育进行考量，呼吁改变传统社会单纯对残疾人实施慈善救济的行为，使"救人救彻"的理念在国内得到了更广泛的传播，也为特殊教育的实施推行创造了必要的社会舆论基础。

（二）教会特殊教育机构的兴起

在中国政府及民众对传教事业强烈抵制的情况下，基督教会试图改变传教途径，通过开展教育、慈善、医疗等世俗事业来博得中国人的信任与好感，以此作为缓和民教矛盾冲突的润滑剂。特殊教育机构作为兼具慈善和教育性质的社会福利机构。

1. 来华基督教代表大会讨论事项

早期的特殊教育仅作为教会慈善事工的一个分支，个别传教士的办学行为并未引起足够重视。但随着北京、烟台、汉口、福建等多个地区的传教士及团体组织均开展了类似的工作，成立特殊教育机构俨然成为开展慈善工作的一种重要形式，被纳入了基督教传教工作的讨论范围内。

（1）消弭异质文化隔阂

香港巴陵会代表哈特蒙将盲、聋哑儿童的教育与孤儿院、收容所等慈善事业并为一谈，他认为"这种慈善性质的差会工作要比基督教团体的传教工作更为直接，且比医疗救治工作更能直击人的心灵，即便这种工作只能限制在固定的范围，但它产生的影响更为深入彻底"。

另外，他谈到聋哑人的状况要比盲人更糟糕，因为这些人虽然可以在某些职业中像健听人那样自食其力，但因听觉障碍限制了他们思维的发展，所以他们很难理解基督教教义的真理。盲人和聋哑人都因感官缺失而受到伤害，应该得到更多的关爱和帮助。

对于威廉·穆瑞、马西等人在全国各地开展的盲人教育工作，哈特蒙也大为赞赏。他说："这些传教士开展的盲人教育工作受上帝普世之爱的指引，至少他们在精神上与这些盲人产生了共鸣。我认为把钱花在为盲人建立学校上，要比单纯教他们理解圣经教义收效更大，尤其是对于盲女而言，这样的庇护所至少让她们得到基督'盲人之家'的保护。"

穆瑞也对其在北京从事的盲人教育工作向与会人员进行了介绍。因为长期与中国底层社会人士接触（包括盲人），他萌生了教会盲人阅读福音书籍的想法。尽管差会对于盲人教育一事心存顾虑，表示没有充足的时间和精力开展这项工作，也担心在民众与教会关系敏感的时期，中国人会误以为是图谋不轨而产生矛盾冲突，但穆瑞仍坚持认为这是一项有价值的工作。他谈道："'康熙盲文'简单易学，盲人用几个月的时间就可以学会拼写，且印刷成品具有节约成本、运输方便等优点，该体系同样适合于明眼人学习。"

此次大会的成果是成立了"盲聋哑福利委员会"，目的是协助各地推广布莱尔盲文，并负责盲人教育机构的筹办工作，但该委员会成立后并未开展实效性的工作。另外，针对盲文具体采用哪种体系最为方便实用，以及如何改进布莱尔盲文，使之适用于各地方言的问题，大会最终也并未给出一致的结论。虽然多数教会人士对于中国的盲聋哑教育工作仍知之甚少，但可以肯定的是，在"以学辅教"的主流传教方式影响下，特殊教育作为教育和慈善并行的传教方式已经得到教会的有限关注。

（2）诠释西方平等理念

第二次基督教代表大会将特殊教育的相关事宜列入大会议程，虽然掀起了与会人员讨论的小高潮，但后续的工作并没有积极跟进，大会成立的"盲聋哑福利委员会"并未展开广泛的实践工作。

真正将特殊教育列入重要议题的，是在1907年4月25日至5月8日基督教召开的第三次代表大会上，这次会议着重强调了特殊教育对于教会开展传教工作和彰显普世、博爱精神的重要意义和价值，同时，这次会议也成为特殊教育观念由慈善转向教育的重要转折点。"为中国盲人开展教育已经成为基督教传教工作的一个重要分支，现在通常把它作为一项慈善事业，但从以往的经验来看，把它归入教育体系更为合理。"教会已经意识到举办特殊教育对于传播宗教信仰和救济底层社会人民的紧迫性，与会人员也普遍认为这项工作有必要开展。

大会以汉口盲校为例，"过去的岁月里，盲人乞丐挨家挨户地乞讨有很长的历史，人们经常看到并习以为常，幼童被践踏、遗弃，挣扎在贫困和死亡线上，

第二章　特殊音乐教育的历史

我们需要给予这一痛苦无助的阶级以关爱和帮助，让他们感受基督的博爱与仁慈"。汉口盲校开展的这项教育工作，"比以往的传教工作更能体现人道主义和基督教的怜悯慈爱，努力提升这些弱势群体生命的价值，使他们成为人类社会的一分子，这是一项何等重要而高尚的工作"。

因此，从传教士个人及专门从事特殊教育组织团体的角度来看，他们更多的是为了以身作则，忠实践行博爱世人和服务社会的理念，这也成为许多人终生追求的奋斗目标。这种目标成为基督教传教士的一种责任，即教给盲人和聋哑人知识，给予他们特殊的关爱，为他们的生活带来希望和光明。

与其他传教事业出于政治利益的功利化目的相比，教会创办特殊教育似乎具有更加纯粹的基督性质。如德国喜迪堪会是由德国女传教士专门组成的援助中国盲人的团体，她们为被遗弃的盲人女孩在香港建造了"盲人之家"，教给盲女知识和养活自己的本领，并通过义卖筹资，为学校增添收入。她们的首要目标，就是救赎这些女孩的灵魂，看到她们能够吃饱穿暖，而她们真诚的举动也使一些当地民众的敌视态度有所改观。

此外，与会人员甚至认为依靠残疾人宣传福音会收到意想不到的效果。美国长老会牧师艾特瑞卡提出，特殊教育具有很强的基督慈善性，应选择合适的中国残疾人青年，将其培养成特殊学校的教师和传教的领袖人物。可以看出，这项慈善性的教育工作从最初传教士的个人自发行为，逐渐发展为教会的一项重要工作。他们认为开办特殊学校是"行道胜于讲道"的有力证明。

在符合基督教自身谋求生存和发展需要的前提下，教会举办特殊教育更多是以西方的平等理念为内在支撑，这种平等是指，"出于由人性而成的天然平衡"。西方社会的平等道德观念，是凌驾于个人之上的内在核心，是每个人都必须遵循的内在意志。

因此，社会拥有共同的凝聚力，要求社会组织内部各成员地位平等。残疾人作为社会成员的组成部分，同样具有个人的存在意志和与其他社会成员彼此依赖的关系。西方的这种道德观念离不开宗教信仰，"宗教的虔诚和信赖不但是他们道德观念的来源，而且是支持行为规范的力量，是团体的象征"。

在这种团体道德观念的影响下，产生了社会成员彼此尊重和保障他人权利的意识。在社会责任和个人主义的促动下，传教士将目光投向了中国底层社会的残疾人。让他们重新获得自尊，产生社会价值，正是西方传教士开展特殊教育的重要原因之一。

2. 教会特殊教育的实践探索

早期入华的传教士主要在澳门、广州等沿海地区活动，创办小学，发行期刊，积极为传教事业做准备。近代传教士最早开始从事特殊教育活动的地区是澳门，1835年，郭士立及其夫人在"印度与东方女子教育促进会"的赞助下，收容了几个穷人家的孩子开办了读书班（男女兼收），教授中文和英文，学习《圣经》等基督类书籍。这所私塾曾收养过多名盲女，并对她们实施凸字法的认读教育，使其能流利阅读宗教类经书。

中国开办的第一所真正意义上的特殊学校是威廉·穆瑞在北京创办的瞽叟通文馆。1874年，英国苏格兰长老会传教士威廉·穆瑞在北京东城甘雨胡同创建了中国近代第一所盲童学校——"瞽叟通文馆"（1921年易名为"启明瞽目院"，现为"北京市盲人学校"），新中国成立前一共有毕业生约300人。传教中，威廉·穆瑞运用布莱叶点字法和《康熙字典》的音韵创造了中国历史上第一套盲文——康熙盲字，为广大盲人打开了通向光明的门扉。康熙盲字可用于音乐的教学与演奏，使盲人除了通过耳朵聆听、学习音乐外，还可以通过手指的触摸学习盲谱。

1874年，穆瑞在戈登·库明小姐和众多英国朋友的帮助下创办了盲人学校，随着社会风气渐开，学校的规模逐渐壮大。库明小姐在英国伦敦发起了一项募捐基金，成立了基金保管委员会，为学校的经费提供了可靠保障。学校最初的管理机构很精简，穆瑞任校长兼教师，穆瑞的夫人及子女负责校务管理。学校主要教授学生读、写、音乐，并使其通过触摸阅读，学习宗教经文。

由于受传统文化的限制，女性应与男子分校读书，但在盲校尽可能让女性能够在足够僻静的地方学习，而临近的慈善机构也支持这项工作，选送一些基督教的女孩来这里学习。但尽管如此，戈登小姐曾坦言："这所学校男生比女生的两倍还多。"学校发展很快，"从1879年3名男生发展至1889年男生14人，女生5人，到了1900年已有男生40人，女生7人"。在生源的选择方面，穆瑞也提出了一些要求，他会挑选一些有上进心，并且是基督徒或是准基督徒的盲童作为他的学生。

至1914年，已有250位盲人在这所学校接受过专业的训练，多数人积极从事传教工作，成为风琴演奏师、福音传递人或是圣经阅读者，他们在宗教团体的各个岗位中都能认真工作，并赢得了人们的尊敬。

中国第一所聋哑学校始建于1887年，位于登州（今山东省烟台市），名为启喑学馆，创办人为美国北长老会的梅理士夫妇。梅理士夫人本是美国罗切斯特聋人学校的教师，因此对聋人教学颇有研究。

最初学校的开办经费主要来自梅理士夫妇好友的捐助和美国聋哑学校师生的捐助，北长老会虽然鼓励他们创办这所学校，但并没有提供经费支持。这是因为20世纪末传教士来华的目的主要是完成传教的本职工作，创办特殊学校属于副业，资助学校并非差会的分内之事。

学校自开办之初，便引进国外最先进的聋哑教学法，梅理士夫人还根据美国的聋人教学法编写教材《启喑初阶》，主要采用贝利字母和赖恩手势进行口语式教学，用地方官话编写贝利字母表，必要时用图表作为补充。课程上尽量用普通小学的课本，并适当增减，以口语、唇读、写作为主。

最初因当地风气未开，学校招生不顺利，开学初仅招收2名学生。另一个原因是，梅夫人当时只认识一部分中文，无法马上开展工作。1890年学校有5名学生，到了1892年学生已增至11人。学校要求只招收有家庭的学生，给出的条件也较为优厚，学生不仅可以接受免费的教育，同时学馆为每个人配备一套学习生活用品。梅理士夫妇利用休假时间到欧美国家访问，向其他国家宣传中国的启喑学馆。他们并不奢望将聋校办得规模宏大，但希望这种举动可以起到宣传作用，使中国人注意到聋哑儿童及其受教育的可行性。

1896年因失去经费来源的支撑，学校被迫关闭。梅夫人四处筹措资金，终于在1898年将学馆迁往烟台并重新开办。1899年，德伍斯韦特博士等人组成了学馆委员会，为学校担保租赁一块地，作为学校的永久校舍。学校根据学生的学习程度设立高、中、低三个层次的班级，教学工作步入正轨。1906年学校聘请在美国卫生部工作的葛爱德女士担任女校校长，正式成立了中国近代第一所男女混读的全日制聋校。

1908年10月，为进一步宣传聋哑教育，梅夫人带领学生举行了游走16个城市的内地巡演。这次内地访问收到一定的成效，让更多的中国人了解到聋哑人有接受教育的必要性。梅夫人以教学的成功案例向人们展示了，聋哑人通过专业的训练，也能获得一定的发展，成为自食其力的人。

这一时期，除了上述具有代表性的特殊学校外，教会及传教士个人在华南、华中、东北等地也相继开办了特殊学校。如1888年循道会的大卫·希尔牧师在汉口创办了训盲书院，主要以学习圣经诗篇和赞美诗为主，同时学习谋生的技艺。1890年英国长老会的传教士甘为霖在台南新楼教会创办训瞽堂，分为普通和技艺两科，修业年限各为三年。1891年广州创立了明心瞽目学校，聘请巴陵会育婴堂瞽目女教员以"以瞽训瞽"的方式进行教学。

三、特殊教育师资培养的启蒙

早期特殊学校的开办者大多为神职人员，很少对特殊教育有精深的研究，他们通常是一边学习汉语，一边在教学过程中摸索特殊教育的方式方法。由于差会主要以传教工作为主，特殊教育只作为慈善事业的一部分，不能受到差会充分的重视，因此，特殊学校的办学工作大多依靠传教士个人或小团体的单打独斗，专业人才极度缺乏。

（一）盲教育师资培养的肇始

中国社会最早对残疾人实施的教育行为可追溯至先秦，有记载称，此时已有残疾人参与了上层社会的文化教育活动。西周时期，天子设立国学，而"瞽宗"就是天子设立的五所大学之一，这所学校利用盲人对音乐较强的感受力，向盲人传授乐理知识和演奏技能。与此同时，西周宫廷组建了具有专业水准的盲人乐队，负责重大典礼仪式上的乐器演奏。这种教育具有浓厚的施恩色彩，与真正意义上的特殊教育相差甚远，而这仅有的对残疾人施行的教育，也在秦汉以后停滞、萎缩。因此，我国的特殊教育实际上发轫于近代社会，在新旧教育交替的浪潮中逐渐形成自己独有的范式，而特殊教育的师资培养也在特殊教育的新里程中起到重要作用。

中国近代特殊教育的发轫与基督教传教士早期在华的传教活动密切相关，他们把握社会的时局，扩大慈善教育事业，以减轻官绅阶层对教会的敌意。对于中国人知之甚少的特殊教育，传教士也成为主要的宣传群体之一。与此同时，基督教传教士开始尝试在中国创办特殊学校，为残疾人打开通往希望的教育之门。

最早关于近代特殊教育教师培养的记录，是1839年普鲁士籍传教士郭士立的继室夫人将中国的盲女孩派送到伦敦的盲人社团，打算把她们训练成出色的盲人教师，使其回到中国任教。她认为这些盲女孩通过接受教育，可以让中国人相信，"这些被剥夺了视力的人不仅不会成为社会的负担，还能通过接受教育，自食其力，成为有用的人"。其中一位被送往伦敦学习的中国盲女孩阿格尼丝·居茨拉夫学成后，于1856年6月被派送至宁波的一所女子盲人学校授课。关于这位中国最早盲人女教师的培养经历缺乏更准确的信息，仅谈到她能够教盲人阅读和进行简单的手工制造，不能算作系统性、规范化的特殊教育师资培养。

早期来华的传教士大多接受过良好的教育,他们积极学习中文,努力克服语言障碍;在开办特殊学校的过程中,引进西方先进的特殊教育课程内容和教学方法,注重残疾人的动手实践能力,加入手工制造等适合残疾人学习的职业技能。

同时,热心于中国特殊教育的传教士也在试验中摸索出适合中国残疾人的教育方法。如北京瞽叟通文馆的开办者威廉·穆瑞创建了一套适合中国盲人学习的数字符号体系——康熙盲字。之后,汉口训盲书院的大卫·希尔等人对布莱尔盲文进行改进,又创制了适合汉口方言的大卫·希尔盲字。

在两所盲校的影响下,盲人教育的工作逐渐在全国各地开展。广州传教女医师赖马西为拯救盲女开办了广州明心瞽目院,并邀请一位收容所的教师教盲女们识字阅读。德籍传教士葛特凯为学校准备了适合当地方言的布莱尔盲文圣经作为教科书。福建的葛汉姆小姐、岳爱美女传教士在泉州、连江、建瓯等地分别开展了盲人教育。

这些早期的经办人基本都是教士出身,多数不具备特殊教育教师的专业技能,加之语言的障碍,更使特殊教育的初期开展工作举步维艰。虽然缺少一定的专业性,但他们成为中国近代最早的一批特殊教育教师,中国近代特殊教育师资培养由此开篇并逐渐发展起来。

(二) 聋哑教育师资培养的肇始

最早在中国开办聋哑学校的梅理士夫人,接受过特殊教育的专业训练,在中国开办聋哑教育时显得更加得心应手。出于专业的敏锐性,梅夫人从办学之初就开始有意识地培养特殊教育教师,协助本校的校务工作。

1907年,启喑学校有外籍教师两名,中国籍男教师三名。在对这些教师进行训练时,梅夫人采用中国语言文字,并辅以图表、图片和发音图进行教学,目的是培训听力正常的教师,学成后可在其他地区推广聋教育工作。聋哑学生中有合适的人选也可培训他们成为学校的助手。如曾在本校肄业的学生周天孚,在家乡杭州开办学校教4名聋童,另一名学生接受过训练后在沂州教2名聋哑儿童。

在1908年苏州巡回演说的影响下,这所聋哑学校引起了中国官员的注意。这些官员有意在中国其他地区开办类似的学校,选派烟台启喑学校培训的教师到各地开展聋哑教育工作。1909年,学校选派教师孙宗石到河北保定创办聋哑学校,招收聋生11人,盲生17人。之后,梅夫人继续培训6名听力正常的学生,以便日后到各地开办聋哑学校。这样,以烟台启喑学校为辐射点,聋哑教育事业扩展到其他地区。

梅夫人在制订学校教学计划时谈道:"现在学校发展的主要目的是为全国各地训练专业的特教教师,这项训练甚至对新建的小学也极为有用,且必须以中国的普通话为基础。但限于资金,我们不能为教师提供免费的培训,这也限制了发展的规模。"但在巡回演说的各地推广工作中,梅夫人仍然与各地对聋哑教育颇感兴趣的政府官员共同商讨开办聋哑学校的计划,制订详细的特殊教育师资培养方案。训练健听及优秀的聋哑学生成为教师,作为烟台启喑学校早期的师资培养计划,为日后特殊教育的发展奠定了基础。

四、特殊教育培养目标与课程教学的初步探索

19世纪末20世纪初,在西方传教士所办的特殊教育学校,教育内容大同小异,总的来讲,传教士的聋哑教育活动,标志着近代中国残疾人教育事业正式拉开了序幕,不仅促进了中国近代社会残疾人教育事业的发展,而且对以后把残疾人教育纳入中国高等教育事业中起到了积极的作用,使残疾人接受高等教育成为可能。

(一)确立"识字明道"的培养目标

基督新教教士致力于海外传教的最终目标,是将福音思想传遍世界的每个角落,因此,早期教会特殊教育的培养目标与19世纪基督教传教目的密切相关。如近代中国最早创办特殊学校的传教士威廉·穆瑞,其办学灵感就源于教会盲人阅读《圣经》,目的是"将盲人们培养成为教会服务的信徒,而'识字明道'就是北京瞽叟通文馆创办的基本宗旨"。

对于聋教育而言,目的也是同样。烟台启喑学校办学的初期目标就是希望通过聋哑教育向中国人展示"神圣的宗教力量",让中国人看到基督教所做的这些善事,从而更容易接受宗教信仰。

教会特殊学校在确立基本的办学目标之后,是考虑特殊教育自身的培养目标。早期的特殊学校办学形式多属于家庭式教育,为盲人提供安身之所,并教以适当的文字阅读和谋生技能。如奉天瞽目重明女学校的培养目标是设立基督化家庭的学塾,对盲人施以普通常识教育和劳动技能教育,作为日后谋生之需,并服务于他人;长沙瞽女院的办学理念是"让盲人们感受到基督普世的关爱,不仅能成为有用的人,也能施惠于他人";湖南益阳信义瞽目院以使盲人能有正规职业维持生计,"皈依基督而获得永生"的幸福为宗旨。总之,早期教会特殊学校均以培养传教信徒为基本的出发点。

第二章 特殊音乐教育的历史

随后，各地教会特殊学校相继办起，逐渐形成一定的规模，学校的办学目标开始向正规的教育方向靠拢。如烟台启喑学校的梅夫人为聋哑教育制定了三方面的发展目标。首先，对聋哑人进行语言文字方面的训练，让他们了解语言文字的用途，并借以表达思想；教会学生通过提问来获取外界的信息，要求学生能够"问"与"被问"，在提问问题和回答问题的双向交流中实现与他人的沟通。其次，对聋哑人进行智力开发的训练，培养他们的自理生活能力和动手操作能力，为以后的职业训练打下基础。最后，培养学生的宗教信仰。在教会学校看来，这一培养目标是最重要的，利用基督教教义来感化学生，可使其形成宗教信仰，服务社会。

教会特殊学校的办学理念是让残疾人掌握基本知识技能的同时，形成独立自主、自尊自信的品格。学校不仅要将主要的精力放在培养学生的宗教信仰上，也要注重培养其生存能力，使其成为社会上独立自主的个体。但这一时期，缺少专业的教科书，仅有《圣经》作为主要的教材读物，学生能够掌握的知识技能很有限。

（二）尊西仿新的课程体系初具

教会特殊学校创办初期的课程内容基本是仿照国外的课程体系建立的，目的是培养学生独立自主的生活能力，并进行缺陷补偿教育，使其掌握语言文字阅读和沟通的能力，在此基础上学习职业技能，获得谋生本领。至于宗教类课程则始终贯穿整个课程体系，这是教会特殊学校办学的初衷。具体的课程内容设置主要分为以下几个板块。

1. 生活自理类课程

生活自理能力的培养是特殊学校教学工作顺利开展的基本环节。盲人和聋哑人感觉器官的缺失，对他们的日常生活造成很大困扰，尤其对于盲人而言，日常生活技能的培养更是格外重要。

盲人因缺少视觉途径，身体运动能力发展迟缓，进入学校后首先要对其进行定向行走训练，包括感觉判断、方向辨别、克服心理障碍等多个方面。曾有访问盲校者记录了盲人定向行走的场景："休憩时间，有男女诸盲生由各处陆续而出，齐至校庭，每二三人相与并行散步，其步行之方向具有一定指向。"可见，这些盲生都是经过专门的行走训练才能行走自如的。定向行走不仅能帮助盲生学会生活自理，更能提高个人独立性，使其心理障碍得到一定程度的克服。

其次，是生活技能的培养和生活习惯的养成，这一点对于早期家庭式教育的特殊学校而言尤为重要。如香港九龙心光盲校在学生练习做家务方面有严格的规定和要求："学校的女主管为每个女孩制订一份工作计划，并且每项工作都要接受严格的检查，如亚麻制品是否精致、房间是否打扫整洁等。"而这项工作取得的成效是，"每名学生的房间整洁如新，她们养成了爱清洁的习惯，也会用业余时间学习简单的缝补和针织，在空闲时间学习唱歌和拉簧风琴"。

聋哑生因缺乏听觉器官的信息输入，限制了感知觉的活动范围和深度。生活自理类课程不仅应培养学生的生活技能和行为习惯，也应培养其社交能力。烟台启喑学校一直遵循着"忙碌才能幸福"的教学原则，不仅要求聋哑生学习园艺，学做家务，更鼓励他们多与教员和健听者交流，增加说话机会，获得与他人交流思想的能力。与盲校相比，聋哑学校侧重于通过感官训练和行为指导来教会学生分辨美丑善恶、为人处世的道理和方法。

生活自理类课程的最终目标是培养学生良好的道德品质。由于特殊儿童存在生理上的缺陷，尤其是盲、聋哑生对外界事物的认识仅停留在浅表，对抽象事物难以有高层次的理解，极容易出现是非难辨、荣辱观差、自控力差等现象。生活自理类课程以润物无声的方式，将行为道德的训练融入日常生活中，使学生减少对他人的依赖感，以此促进学生的身心发展。

2. 残疾弥补类课程

这门课程实则为语言和文字类相关课程的统称。残疾弥补类课程是特殊学校区别于普通学校的主要课程，它需要尽可能利用特殊儿童健全的感官机能来补偿受损机能，并创造更有利的外部认知条件，来帮助特殊儿童达到其应有的发展水平。

早期的盲校为了让盲人和明眼人一样阅读《圣经》，了解教义，引入了西方的布莱尔盲文，借助盲人的触觉和感知觉来弥补视觉的缺陷，加之语言的指导，使其从形状、功能等多方面来获得事物的直观概念。盲校的课程主要包括阅读、书写、基本的计算和语言表达，其所用的课本以凸点表示语言文字。视觉障碍儿童能够以手代目阅读的原因在于，施教者"用心手相应之发达以补无目者之缺陷"，加上盲人经过长期的摸读训练，其触觉相较普通人而言更为敏锐。因此，有人称"常人但有两目，而盲人反有十目矣"。

关于学校的教科书，早期的盲校几乎没有现成的课本供学生阅读，而是以《圣经》和摘录的赞美诗编制成盲文教材。如北京瞽叟通文馆的威廉·穆瑞以"康熙盲字"为准，选取《圣经》的部分章节编写了《中国盲人识字课本》，这本教科书也成为汉口训盲书院、奉天瞽目重明女学校等几所盲校的教科书。

香港九龙心光盲校采用穆瑞体系的罗马字母盲文，编写了初级读本作为学校的教科书。学校的负责人马萨·帕斯特，还在周末杂志上将一些有趣的故事译成盲文作为学生的课外读物。傅兰雅曾坦言："阻碍我们进步的最大障碍是教盲人的课本，现在用的书均以圣经作为铅版，必须先由每所学校的教师精心准备，再由学生用手抄录，不仅花费很多时间，书中又难免出现很多错误。"虽然学校创制了盲文，但由于教科书的缺乏，学生的知识面仍很狭窄，仅限于有限的圣经读物和少数的宗教类书籍，很难拓宽视野，掌握更丰富实用的文化知识和技能。

聋哑学校在实施残疾弥补类课程之前，首先要对聋哑人进行明确的分类。梅夫人认为聋哑人在医学上应被分为"哑"和"半哑"两类，哑是指天生失聪以及在具备说话能力之前失聪者；半哑是已经学会说话后失去听力者。二者相较而言，后者能够用语言表达思想，在语言训练方面更具优势。对于聋哑人而言，早期的语言训练是极为重要的，幼童的模仿力极强，"聋者见人言时所显何形，因而达其何意，即遵其法以示己意而亦作是形，此聋者能言之上法也"。

聋哑学校的残疾弥补类课程主要包括口语、唇读、手语、语言和写作等。烟台启喑学校作为中国聋哑学校的发源地，其编写的《启喑初阶》也成为其他地区诸多聋哑学校的教科书。这本教材以具体的汉字搭配贝利字母和手语图案，并附加形象生动的图解表诠释字的含义。如语音表中元音字母"a"及其所有组合放在一起，学生可以将发音相同，但意义不同的汉字进行归类学习。此外，学校还准备了大量图片，开发更多语言课程，图片内容的难度逐渐增加。

然而，聋哑学生对语言文字的发音和理解也经常受限于听力缺陷。如萧瑞麟在参观日本的聋哑学校时，校长小西信八曾讲解"教育普及"一词，而对"普及"二字学生不能理解。关于文字的发音，聋哑人仅依靠视觉辨认发音声位和动作十分困难，发音经常含糊不清，且口语法有一定的年龄限制，对于年龄较小和尚存残余听力的聋哑儿童效果更好。

残疾弥补类课程的学习耗费很多时间和精力，是特殊教育课程中难度最大也是最重要的课程门类。

3. 职业训练类课程

职业训练类课程是特殊学校课程体系中的重要部分，是残疾人日后走出学校，掌握生存本领的必要课程。早在先秦时期，宫廷中就有瞽矇负责演奏乐器和诵读诗歌，这是因为盲人可以"凝神定气，侧耳细听"。故盲人更心静专思，擅长学习音乐。进入近代社会，演奏乐器同样作为盲校职业课程的重点门类之一。对于聋哑生而言，其更擅长绘画，因为听觉障碍会使其强化视、知觉等感官，能够仔细观察事物，从而使形象记忆能力更强。适合残疾人学习的音乐、美术可以作为其日后谋生的技能，故近代特殊学校的职业类课程，既包括以生产自救为目的的工艺培训，也包括音乐、美术等适合残疾人学习的艺术类学科。

教会特殊学校非常注重开设职业课程。汉口训盲书院建立之初，将学校定位于工艺性质，因此对职业类课程格外重视。学校开设草鞋制作、竹篮编制、吊床编制、竹椅编制等课程，但效果并不理想，主要原因在于盲生在制作过程中效率较低，并且有些操作步骤必须有明眼教师的帮助，自己不能独立完成，因此很难与专门雇佣的编篮工人竞争市场，学校在这方面获利不多。不过，学校仍然看重职业课程对于学生日后谋生的重要作用。学生从制作的过程中不仅获得学习的乐趣，更为日后独立生存打下基础。

相较而言，南方沿海地区的教会特殊学校商业气息更为浓厚，在开设职业课程锻炼学生动手操作能力的同时，将部分制造品通过多种途径销售，补贴学校经费。且各校均有自己擅长的项目，如广州的明心学校注重家政、编织、针织等科；九龙瞽女书院以音乐与织造而闻名于世，长于音乐的视觉障碍儿童，多被各处礼拜堂聘为乐师。为解决经费不足所带来的困难，这些学校还成立了乐队，经常到社会上进行演出，既丰富了学生的舞台经验，又增加了特殊教育学校的办学经费。

湖南益阳信义瞽目院的盲生可以自己编织衣服和被褥，并将一些质量好的纺织品推向市场，卖到很理想的价格。云南振瞶瞽目学校的工艺科以毛线编织闻名，售卖所得利润可作为学生半工半读的学费。福州灵光学校工业部的进步最为迅速，主要教制篮、劈竹、制地垫、编绳等，取材当地特色原材料海草结成精美凉席，并染成各种颜色。该校的工艺产品不仅畅销国内，甚至远售英国、法国等多个国家，短短四个月的时间就获得了 300 美元的利润。

另外，这些学校在选购材料上非常考究，尽可能就地取材以降低成本，在市场售价上有一定竞争力。加上学校在制作监管过程中精益求精，很多心灵手巧的学生甚至可以编织出比市场卖品更为精美的成品。

4. 宗教类课程

宗教类课程是教会特殊学校最重要的课程，学生学习阅读识字，为理解《圣经》服务。福州的灵光、明道两所学校的课程除了基本的国语、算术、唱歌、工艺外，每日大部分时间是学习《圣经》，《圣经》占据学生课程的中心地位。

为了协助各地区开展福音传教工作，圣经公会专门划分一部分人负责盲人圣经的印制和推销事宜。如长沙盲童女校曾得到中华圣经会的64本《培黎新约》；昆明盲哑学校致函美国圣经公会，购置圣经盲文书籍，并教学生学习培黎盲字。

除了将基督教教义融入日常的课程中，每日背诵赞美诗和祷告仪式也是不可缺少的。从云南振聩瞽目学校日常生活作息可以知道，教会盲校的日常生活是基督化的，早晚有规律的祷告仪式已经成为日常生活的一部分。

总之，早期的教会特殊学校宗教色彩浓厚，《圣经》的解读和学习是学生日常的必修课，课程内容较为单一，严重限制了学生的思维发展。

五、特殊教育经费对西方国家的依附

（一）教会慈善人士的联合募捐

清末时期的特殊教育机构，经费多来自传教士工作的差会、传教士个人积蓄、西方母国亲友以及热心特殊教育人士的募捐。西方国家常常有为私人团体举办的社会事业进行"联合募捐"的惯例，在华传教士办学仍沿用这一筹资方法。如中国近代第一所盲校——北京瞽叟通文馆就得益于创办者威廉·穆瑞在北京教会圈子享有较高的知名度和美誉，因此很快筹得办学经费。

为了保证学校可以一直获得教会的支持和帮助，威廉·穆瑞始终坚持发售《圣经》，开展传教工作，保持学校与教会的密切联络。

烟台启喑学校开办之初的经费也主要来自西方的资金支持，尤其是梅理士夫人曾经工作过的罗切斯特聋校，有个小教会组织"无声工作者"，每年都会捐赠学校50美元。

为了让远在国外热心特殊教育的人士了解学校的实际情况，梅夫人每年都会认真撰写年度总结报告，包括学校发展情况、学校资产、收支项目、学生学业情况以及课程教学等内容，以便源源不断地获得资金支持。虽然学校获得了国内外教会人士的热心帮助，但若想有稳定的资金支持，仍需要教会"官方"的认可。经过多方的努力，学校最终获得美国北长老会的支持，于1909年拥有永久开办权。可见，传教士在华开办的学校若想长期运营，需要教会方面的支持。

第二节 民国时期的特殊音乐教育

一、民国时期特殊教育发展的历史背景

（一）民国初期特殊教育发展的历史背景

民国初期，军阀把持政务，军权至上的政治格局将特殊教育推向边缘。另外，近代城市化进程的不断推进，使沿海等发达城市的经济环境发生改变，社会对残疾人的救助观念逐渐从施舍转变成"以教代养"的知识技能教育。随着新文化运动的兴起，在中西文化的论争之势下，众多的思潮、流派形成了纷繁复杂的态势，欧美思想的传播加速了"壬戌学制"的修订，为特殊教育的正规化发展提供了机遇。

1. 军权至上的政局导致特殊教育发展边缘化

1911年，辛亥革命爆发，推翻了存续两千多年的封建帝制。1912年，"中华民国"宣告成立。临时政府以民主奋发的革命精神，开启了建立共和国的新征程，民主共和观念深入人心，激发了人们的国家意识和主人翁责任感，这种争取个人权利自由的民主意识，客观上对特殊教育的发展起到了积极的促进作用。

然而，短暂的共和政治局面很快被复辟的专制政权打破，南京临时政府将政权移交给袁世凯后，"中华民国"的民主共和事业悄然异变。袁世凯意在摆脱民国初期的宪政理念，建立北洋军阀；政治上，企图摆脱责任内阁制的约束，直接操控中央行政权力。1914年1月，袁世凯正式下令解散国会，5月公布《中华民国约法》，至此，民初的政党制度早已荡然无存，政权被以袁世凯为代表的军阀势力所取代。

之后的南北军阀混战时期也是中央政权控制力最弱的时期，从1916年到1926年，中国社会被混战不休的军阀瓜分。教育方面，除蔡元培任教育总长时期，提出过将特殊教育纳入普通教育体系的想法外，历任总长并未过多关注特殊教育。直至五四运动爆发和新学制颁布后，特殊教育才被提及，得到了政府的有限关注。

民国初期，由于政治秩序不稳定，教育的实施缺乏统一的行政管理，各省教育多被政局左右，唯"受影响较小的省份和沿海沿江经济开发程度较高的省份，人民有余力发展教育"。在空间上，广东、香港、上海等政局相对稳定、人口众多、物产丰富的地区，特殊教育也相对发达，有自主发展的空间。

2. 城市社会变动改变残疾人的救助观念

"中华民国"成立，除旧布新，南京临时政府为鼓励发展近代工商业，颁布了一些利于振兴实业的法令和政策，切实推动了工商实业的发展。实业部通令各省都督设立实业组织，并强调指出"实业为民国将来生存命脉，今虽兵战未息，不能不切实经营，已成者当竭力保存，未成者宜先事筹划"。在政府的积极倡导下，国内掀起了创办资本主义实业的热潮，一批有识之士纷纷集股创办实业，包括工矿企业、农桑垦殖业、商业等，凡按照法律程序申报的，政府一律采取支持态度，给予批准。虽然南京临时政府存在时间较短，但这些政策措施对资本主义经济发展的积极影响是较为深远的。

北洋政府时期，同样颁布了很多鼓励发展实业的政策，如《商人通例》《公司法草案》等，帮助和扶持资本主义工商业的发展。同时产生了许多新兴的商埠，尤其在第一次世界大战时期，外国列强放松对中国国内经济的管控，贸易急剧增长，形成了许多具有近代商业气息的经济区域，中国的资产阶级在这样的城市环境中逐渐壮大。实业在蓬勃发展之时，也为残疾人的慈善救济事业提供了良好的经济基础。某种程度上，城市经济环境的变动，也是"慈善事业近代化的动力源"。

近代资本主义这一新兴的经济形态在中国产生和发展，客观上促使社会对残疾人的救助观念发生了转变。中国传统社会的善堂多以"行善弥灾"的"福报说"为实施救助者的主观意愿。旧时善堂作为贫苦残疾人的主要栖留所，对残疾人的救济具有浓厚的施恩色彩，其道德价值观更倾向于"儒生化"，慈善组织的最终目的是维护正统的儒家价值和重新整顿社会秩序。既然关注的重点不在于残疾人本身，自然不会产生对其实施教育和教以谋生本领的想法。

中国经济的近代化发展受西方资产阶级生产观念的影响，关注的重点在于投入的经济成本能否得到相应的收益，因此在对残疾人的救助理念上更倾向于传授其文化知识和适当的技能，而不是单纯提供衣食，提倡"使贫民绝其所以致贫之因，生计渐立，教育渐进，不至为全国社会之累"。因此，近代城市的慈善组织对于残疾人的救助理念也逐渐转变为"以教代养"，从而达到"救人救彻"的目的。

与此同时，传统善堂自身的弊端也愈来愈明显，本依靠传统手工业自然经济支援的传统慈善组织，因失去保障而日益萧条，"捐输因之日少，致善堂不废而常若废"。由于社会环境的不稳定加之没有稳定收入，传统的慈善机构已无力承担社会救济的重任，加之"重养轻教"的救助模式虽能化解一时的社会危机，却不能教授残疾人谋生本领，不能从根本上解决社会问题，故传统慈善事业日益式微，裹足不前。

资本主义经济的发展促使社会分工不断细化,进而通过"以教代养"的方式解决残疾人的生存问题,缓解社会压力。同时,随着传统经济体制下善堂的没落,急需新的慈善组织形式替代。社会对残疾人救助观念的转变,为特殊教育融入中国社会提供了契机。

3. 教育热潮迭起为特殊教育发展创设民主氛围

辛亥革命推翻帝制,建立"中华民国",开创了历史新纪元。1912—1926年是教育思想最活跃多变、丰富多彩的时期,教育界迸发出寻求新思想的热情。此时,旧的价值观念、道德模式备受冲击,民族资本主义经济的发展、五四运动的蓬勃兴起为各种教育思想学说的发展提供了必要条件,加上政局云谲波诡,无暇统筹教育的规划建设,客观上为教育思想的繁荣发展创造了宽松的社会环境,而其中最主要的推动因素就是国民政府态度的改变。相对于清政府对特殊教育的漠视态度,国民政府已经开始将特殊教育提上日程。国民政府成立不久,就在《教育部官制》(1914年)里明确规定普通教育司掌管的事务,其中第四条即"关于盲哑学校及其他残废等特种学校事项"。1915年7月,民国政府又在《国民学校令》中提出残疾儿童的义务教育问题。这说明国民政府已经将特殊教育划入普通教育范畴,并有专门的政府机构来负责这些学校的各种事项。1929年8月29日,国民政府教育部公布了《私立学校规程》,把盲聋哑特殊教育列入正规的私立学校之列,不再单列。这也看出国民政府已将私立盲聋哑特殊教育融于普通私立学校当中,私立盲聋哑特殊教育同普通私立学校具有同等的重要性。

民国初期各种教育思潮都是围绕教育救国这一核心理念而兴起和发展的,因此,知识分子共同追求的目标是"追求受教育权的扩大和教育的科学化"。这在一定程度上带动了中国新式教育的发展。

民国初年的教育思想主要以孙中山的三民主义教育思想和蔡元培的资产阶级自由主义教育思想为基本论调。孙中山强调普及教育是整个国民教育体系的基础,他认为"非从事于普及教育,使全国人民皆有科学知识不可"。在实施普及教育的过程中,他尤其注重女子和儿童教育,认为"无论贫富,凡是十岁以下的儿童,都要给教育到底"。孙中山提出的普及教育思想,涵盖了残疾人在内的特殊教育,将国民的受教育权利作为政府应承担的责任和人民应积极维护的自身权益,具有一定的倡导意义。

蔡元培也是国人中较早关注特殊教育的人。1912年蔡元培在向参议院宣布的政见演说中，将盲哑废疾者的教育归为普通教育范畴，要求教育要体现共和的宗旨和培养健全的人格。他提出的"五育"并举教育方针，深受西方近代教育思想的影响。他接受卢梭和裴斯泰洛齐的教育观，重视儿童教育，强调新教育要不断改变，让每位儿童都能得到身心的发展和个性的解放。

民国初年的教育思想，代表着资产阶级的教育利益，夹杂着西方教育理念，倡导自由平等的社会风尚，呼吁以法令的形式保障每位公民的受教育权利，也体现出对残疾人等弱势群体受教育权利的保障和维护。

新文化运动时期，各种教育思想风起云涌，胡适、鲁迅、陈独秀等西化思潮的代表人物，主张建立以西方近代文化为依据的价值体系。在进行中西教育的比较时，主张西学的学者们强调中国应引进西方的教育方针和教学方法，将教育与社会经济建设紧密结合，通过教育来实现富国强民的目标。如陈独秀以强烈的忧患意识，提出教育应以"救国和培育新民"为目的，认为"一国之民德、民力，在水平线以上者，一时遭逢独夫强敌，国家濒于危亡，得献身为国之烈士而救之"。胡适提出"健全个人主义"，将健全、独立的人格作为理想国民应具备的素质。一方面，"个人有自由意志"，发展自身个性，实现自身存在价值；另一方面，国民应更好地提升自己，承担社会责任。教育应与培育新民和挽救民族危机联系起来，开发民智，发挥改造国民的社会功能。残疾人作为国民的一分子，应通过接受教育的方式，从传统社会观念的束缚中解放出来，更好地融入社会。同时，知识分子将普及教育的发展与民族救亡图存紧密结合，在一定程度上也加快了特殊教育融入本土的进程。

（二）南京国民政府前期特殊教育发展的历史背景

南京国民政府前期，政局相对平稳，教育行政管理统一分配，促进了教育的规范化发展。这一时期，关于盲哑致病原因的探索及相关的案例调查，一定程度上弥补了特殊教育理论的不足。随着民国时期儿童学研究工作的不断深入，特殊教育也得到部分学者的关注，促进了特殊教育理论与实践的发展。

1.教育行政渐趋稳定

1927年"四一二"政变后，官僚资本主义性质的南京国民政府建立。次年12月，经过二次北伐后，国民党召开二届四中全会，实现了全国形式上的统一。

有学者认为教育的发展离不开政治制度的建设。行政管理机构设立后，国民政府开始进一步规划各行政部门职权。其中，"教育部"管理全国学术及教育行政事务，下设的普通教育司负责低能及伤残者的教育，特殊教育在国家教育行政机构的管理中获得了合法地位。

为使教育能够规范发展，1931年国民会议通过了《中华民国训政时期约法》，并将《训政纲领》纳入其中，正式将国民党的纲领作为全国必须执行的法律，《中华民国训政时期约法》获得了与宪法同等重要的地位。其中"国民教育"专章中强调"男女教育之机会一律平等"；"已达学龄之儿童一律受义务教育"。之后，1932年的《中华民国宪法草案》、1936年立法院通过的《中华民国宪法草案修正案》也均强调"国民受教育机会均等"的问题，为包括残疾人在内的所有公民接受教育提供了最高的法律保障。

南京国民政府训政体制的建立，使教育成为维护统治的工具和手段。不过，南京国民政府时期相对稳定的政治环境和较为清晰具体的行政组织，为特殊教育的规范化发展创造了条件，并且国家权力高度集中，也加强了对各地私立特殊学校的整饬和调整。1929年教育部公布《私立学校规程》，对特殊学校的学校性质、归属的行政机关、课程内容等做出详细规定，要求所有特殊学校向政府报备立案。

虽然政府部门在《国民政府教育行政委员会组织法》及《修正教育部各分科规程》（1931）等中央文件中均未提及特殊教育，但有关内容在一些地方文件中时有出现。例如，《湖北省政府教育厅组织规程（民国十九年十二月十九日）》规定的省教育厅第三科所执掌的事项中就有关于"低能残废及其他特殊教育事项"。而在地方的教育法规中更有专门针对特殊教育学校的文件。1932年，《修正上海市私立特殊学校立案规程》第一条明确规定"本市区内私人或团体设立之特殊学校，应呈请市教育局立案，转呈至市政府及教育部备案"。这些文件对特殊教育学校的种类进行了划分，包括聋哑学校、盲人学校、低能儿童学校及其他特殊教育学校四类。

由此可见，当时全国各地已开始重视特殊教育，并且特殊教育学校并非单一的盲哑学校，而是有了更为细致和科学的划分。特别值得一提的是，此时已有设立低能儿童学校的构想，这在当时不能不说是一种进步。

2. 国内预防残疾意识逐渐增强

随着国内西学传播途径的多元化，西方的科学观念和技术也逐渐传入国内，国人开始对盲哑的成因及预防方法进行了初步的探索。

在此阶段，学者们以大量事实证明，残疾人多为后天造成。"眼科与社会情形,及个人之生活状态有关。贫人不讲清洁,居处狭窄,人秽烟熏,空气不通,共用盥具,不知隔离,饮食粗劣,缺乏滋养,故患沙眼及角膜软化症者较中上级社会为多。"因此,盲哑预防非常重要。

在儿童听觉器官发育的幼年,"如有中耳疾患,应及时根治实属重要"。对于目疾的防治,有学者指出,盲人失明的主要原因是眼睛发炎。学者们提出的理论内容丰富,专业性强,能够更科学地解释盲、聋哑的病因和预防方法,在一定程度上提高了人们的疾病防范意识,采取更有效的方式解决初期发病问题,降低盲哑的患病概率。

3. 儿童学研究的发展促使国人关注残疾儿童

民国时期很多学者赴欧美留学或进修、访学,开阔视野,了解西方的文化教育。其中不乏有关注儿童研究的学者,他们通过在国外名校学习,了解到西方最前沿的儿童学知识。

也有人将在国外学习到的儿童研究理论及方法应用到国内教育上,开展儿童教育的实践工作。如陈鹤琴曾跟随孟禄、桑代克等教育家学习教育学和心理学知识,回国后继续深入研究儿童学理论并开展实践工作,建立南京幼稚教育研究会,创办《幼稚教育》会刊,将儿童教育作为一个专门研究领域,为全国儿童教育研究人员提供了交流学习的平台。陶行知在伊利诺伊大学攻读硕士学位期间,受教于杜威、克伯屈等人,回国后开展儿童教育工作,于1929年与陈鹤琴等人在南京发起"中华儿童教育社"组织,团体社员在抗日战争爆发之前达到四千人,是当时推广儿童教育和进行儿童教育专门学术交流的重要团体组织之一。儿童教育的发展,一定程度上提高了民众爱护儿童的意识,对儿童福利事业的建设也具有一定的促进作用。

依托于儿童学研究的文化教育背景,残疾儿童的生存救济和教育问题被深入地研究,丰富了这一时期儿童学研究的理论体系,促进了特殊教育的专业化发展。

(三)南京国民政府后期特殊教育发展的历史背景

国民政府后期,受政治局势紧张、经济财力支绌的环境影响,特殊教育发展一直处于低迷状态。战争爆发后,大后方地区成为经济发展的重心,特殊教育事业也随之南迁。此时,一些民间慈善人士及残疾人群体创设联合性社团,推动了特殊教育的发展。然而,战后经济的崩溃加大了教育现代化的难度,特殊教育陷入了艰难处境。

1. 抗日战争全面爆发致使特殊教育重心南移

1937年7月7日，抗日战争全面爆发，国内社会进入了战时状态。行政上，机构精简，权力集中，办事程序简化。政治上，国民党蒋介石集团借口"适应非常时期所需"，进一步强化以蒋介石个人为中心的独裁统治。1938年4月，在临时全国代表大会会上，"确立领袖制度"的议案被采纳，国民党总章中加入"总裁"一章，在法律上确立了蒋介石的"总裁"地位。国民政府从南京迁都重庆后，为保存教育实力，部分战区学校也随政府迁往大后方。同时，政府制定了《战时各级教育实施方案纲要》，规定战时"教育目的与政治目的一贯""各级学校目标明确，谋求各地均衡发展"等内容，提出了各级各类学校教育应对战时环境的总方针策略。

特殊教育最早发源于瞽叟通文馆，之后，广东、福建、江苏、湖南等地陆续创办了特殊学校。最初，以北方为特殊教育的重心，并不断向其他省份辐射。然而"七七事变"后，因北方地区多被日寇占领，特殊教育事业几近凋零，停滞不前，而大后方地区局势相对安定，且教育部门对伤残人员的教育较为重视，特殊教育得以在战乱中获得了一定的发展，办学重心发生了由北向南的转移。

2. 特殊教育专业组织的兴起助力

抗战期间，各地的教育事业均受到了不同程度的破坏。在战乱环境下，国家无暇顾及特殊教育。此时，民间慈善人士及残疾人群体凝聚财力、人力，创设了联合性的社团，对这一时期的特殊教育发展起到了重要的引导作用。

1937年6月，何玉麟、孙祖惠等人创办的中华聋哑协会，是我国第一个由残疾人自主发起的社团组织，目的是推动聋哑者德智体劳发展，并改善其生活。

协会根据工作重点对会务进行了规划：组织各种学术研究会，共同探讨聋哑教育的发展及理论问题；组织聋哑画报社，既可培养聋哑同病的兴趣爱好，也能带动社会热心聋哑教育人士积极参与；调查聋哑者生活状况及职业状况；救济失业聋哑者，并举办其他有关聋哑者福利事项。

随后，协会为扩大聋哑群体的社会影响力，举办了全国聋哑艺术展览会，目的是让各界人士认识到聋哑者的艺术，认识聋哑者的技能，转变对聋哑人的轻视观念。另外，协会组织"致用美术社"，承接商业美术、商店橱窗装饰及商标设计等工作，丰富聋哑人的文娱生活和兴趣爱好。协会从各个方面提升残疾人的能力，使其获得社会的认可和支持。

另一个救济盲人的团体组织——中国盲民福利协会，成立于1942年7月6日，由江鸿起、费吴生等30余位热心慈善事业的人士发起，会址设于重庆，抗战胜利后迁至上海博物院路。

福利会的主要工作是辅导后方盲民学习阅读盲文书报；宣传普及眼部卫生知识，提高民众的防盲、救盲意识。1943年春，中国盲民福利会成立了医疗委员会，计划专门成立治疗眼病的施诊机构，使"盲民幸福促进会之工作，由消极盲人救济，扩展为积极盲前预防"。

此后，福利会陆续在各都市创办了防治沙眼诊所47处，并与多家卫生所、医院、私人慈善机构合作，为民众提供沙眼的医药治疗，并向民众宣传普及护眼卫生常识。抗战期间，政府特设三所盲残院予以收容，盲民福利会主动承担了盲军人的训育教导工作，得到政府和国际福利组织的强力支持。

在文化教育方面，福利会也陆续开展了一系列的工作，培养专门的盲残教育人才；协助成都燕京大学调查救济机构的盲人及开展个案研究工作；出版盲人读物《启明月刊》等；资助各地受经费紧缺困扰的盲聋哑学校。福利会积极开展各项工作，为残疾民众带来了诸多福利。

此外，其他残疾人社团如聋哑生活互助社、中华盲哑教育社等，同样是专门为残疾人服务的专业团体。这些社团都是以改善残疾人生活、提高其文化素质、实施职业教育、发展生产为共同目标的；并利用团体组织的力量，扩大社会影响力，成为当时推动特殊教育发展的重要力量。

3. 战后中国经济崩溃导致特殊教育生存举步维艰

抗战结束后，国民政府继续走国家垄断资本的操控路线，凭借其政治权力，接收了大量日伪财产，包括日伪工矿事业、财政金融业、交通运输业及农商业等。同时，组织原沿海内迁工厂返迁复员，新建一批全国性和地方性的官营企业公司，吸收和垄断社会资本。官营企业的其他产业如轻纺工业、交通运输业、金融产业等，几乎占据市场比重的一半以上，国民政府官僚资本主义经济迅速膨胀。

与此同时，第二次世界大战后，美国开始加大对远东中国市场的垄断和经济侵略，向中国倾销大量商品。官营资本的市场高度垄断，加上美国向中国大量倾销"过剩商品"，导致战后民营经济日趋萎缩，陷入了低迷状态。

内战的消耗加上美国资本主义倾销的挤压，导致政府财政入不敷出，赤字比例增大，加之不合理的法币与伪币兑换率导致市场物价极速上涨，中央银行只得向财政部垫款，大量印发法币，反复的恶性循环使物价不断上涨，远超过通货膨胀速度。物价飞涨，使人民财富流入国家官僚资本手中，整个商业几近被官僚垄断，人民生活极度贫困。

1948年8月19日国民政府改革币制，发行金圆券，并出台《整理财政及加强管制经济办法》的限价政策，但仍然无法阻止物价的飞速上涨。人们名义上的工资远不敌物价上涨速度，民族工商业纷纷倒闭停产，致使广大人民群众奋起反抗，工人罢工，农民开展抢米风潮，青年学生掀起规模巨大的反饥饿、反内战斗争，国统区经济陷入崩溃状态。

在这样的经济环境下，生活无常，学业难继，国民政府无暇顾及特殊教育的发展。如教育部曾允诺特设盲哑学校，拨付校舍修缮费和校具购置费，但因教育经费紧张，迟迟未能拨付，校长曾让人多次向教育部呈请《救济计划书》，但终岁无果。重庆扶青聋哑学校完全依靠安龙章、赵象明、熊庆生等人的捐助，学校为生产自救，制作木质毛巾机八台，聘请技术员指导学生织毛巾，并由各董事分头推销。其他特殊学校的情况也大抵相同，经费支绌，揾食艰难，在各行各业凋敝的大环境下，特殊学校只能勉强维持，处于衰败境地。

二、民国时期特殊教育师资培养

特殊教育事业的发展和教学质量很大程度上取决于师资培养。由于特殊音乐教师不仅要掌握普通学校教师所必须具有的科学文化、音乐技能和教育专业知识，而且应具有献身特殊教育事业的高尚情操和特殊音乐教学的能力。同时，特殊音乐教育待遇不高，致使过往的特殊音乐教育师资严重不足，直到民国时期情况才逐渐好转。

（一）特殊教育师资来源的自给自足

民国肇端，除旧布新，民主新风的开创也提高了国民的思想觉悟，培养具有独立人格的国民也成为这一时期教育的共同追求。随着早期特殊学校的不断发展壮大，一些成绩优秀的残疾毕业生成为特殊学校重要的师资来源。个别学校也着手开办短期师资班，以满足特殊学校对师资的迫切需求，使特殊教育得以在全国开枝散叶，薪火相传。

1. 特殊学校毕业生扩充师资队伍

早期的中国特殊教育学校，除传授残疾儿童文化知识和基本技能外，还承担起了特殊教育师资的培训任务，通过办学来构建特殊教育体系。据史料反映，特殊教育学校在成立初期，一般由传教士及其家人自任教员，同时聘请一些中国科举出身的文人或私塾先生进行协助。而特殊学校的毕业生多数人服务于本校，有些也派送至其他学校充任教员，尤其是沿海地区的特殊学校，相互之间交流更为密切频繁。

广东肇庆瞽目女校聘请香港九龙书院女校的毕业生，负责传道及教授本校盲童和妇女识字阅读。学校里的明眼教员也皆为女校毕业，能够对学生的心理感同身受，"学生出校而为教员者，亦能运用其心思以教人，非指责学生以记诵了事者，所可同日语也"。上海盲童学校曾有毕业生一人成为圣约翰大学的教师，两人在广东汕头从事特殊教育工作，另有两人继续在学校学习并成为助教。

以瞽训瞽的方式的确可以激发残疾人对生活和工作的热情，与学生感同身受的心理障碍和相似的人生经历更有利于教学工作的推进，使特殊教育事业得以延续。但以残疾人充任教师，往往缺乏师范教育性质的专业指导和系统性的培养，且每年特殊学校的毕业生人数寥寥，远不能满足各校对于教师的需求。

除了选派各地特殊学校毕业生充任教员外，培养视力或听力正常的特殊教育教师仍是各校师资培养的主要目标。以烟台启喑学校为例，学校通过巡回演说和宣传表演，扩大了学校的知名度，同时也积极地广招爱心人士接受特殊教育的培训，为日后服务特殊教育工作做准备。在1917年，学校教员中除了梅夫人和她的侄女卡特小姐外，有男教员3人，木工教师1人，女华人教师3人。

由相关数据可知，学校教员中除了梅夫人是专业的聋哑教师以外，其余教员均为非专业人士，教员中以中学毕业者居多，前期主要负责学校的助理工作，随后梅夫人"以师傅带徒弟"的方式，培训这些助手逐渐承担教学任务。由于梅夫人和卡特小姐均为外籍教员，故语言方面存在很多障碍，急需精通英语的教员作为助手，如教员吴吉甫精通英语，为教学工作的开展带来诸多便利。

此外，一些残疾儿童的家长和亲属更能对残疾人的痛苦感同身受，也愿意接受特殊教育的培训。如烟台启喑学校的学生周天孚的哥哥周广达，毕业于杭州大学，出于对弟弟的同情，愿意从事聋哑教育，并回到杭州开办聋哑学校。也有一些官僚或资本家的子女是聋哑人，聘请教师陪伴子女到附设的聋哑师资班学习聋哑教学法，一两年后回本乡办私立聋哑学校者亦不少。总之，早期特殊学校教师中的健听教师以非专业人士居多，选择从事特殊教育教学工作的健听人多具有偶然性，且流动性大，不利于特殊教育的稳定发展。

2. 特殊学校附设短期师资训练班

随着全国特殊教育学校数量的逐渐增多，各校越发感到师资不敷的压力。尽管不少教会特殊学校有聘请国外专门特殊教育教师的计划，但费用高昂，加之语言的障碍，显得力不从心。倘若不解决这一根本问题，特殊教育工作很难向全国推广。

1912年，烟台启喑学校正式成立了师范部，梅夫人编写一套系统的聋哑教育教科书，制订适合于全国推行的聋哑教育方案。师范班学生的教学参考书主要以《启喑初阶》为主，课程的重点是唇读、发音、写作等课程，让教师学习如何教学生学会口语和书面语，能让他们与常人交流，并学习一些职业或家政技能。由于教会特殊学校的宗教色彩浓厚，因此烟台启喑学校对学生的最终要求是皈依基督教，并具备生活的责任意识。师范班的生源主要由各地教会选送，其中也不乏虔诚的基督教徒。

在烟台启喑学校的影响下，国人也开始涉足特殊教育领域。民国时期的实业家、教育家张謇，计划在江苏南通狼山开办一所盲哑学校。但因盲哑人生理机能与常人不同，普通的教学方法并不适合于盲哑人的教育，故师资缺乏是盲哑学校开办的最大阻碍。

1915年，张謇聘请烟台启喑学校的教师毕庶元与北京盲校教师崔文详，借座博物苑开办盲哑师范班，修业年限为一年。1916年12月，第一期盲哑师范班9人毕业，其中王秉衡、戴贡山等人，均成为后来开办的南通盲哑学校的优秀教员。张謇开办的盲哑师范传习所，解决了就近地区盲哑学校师资缺乏的问题，也带动其他地区的慈善人士为盲哑学校捐助，起到了良好的辐射效应。此外，民国初期除了上述两所特殊学校创办师范班外，香港九龙心光盲校也在1915年开设师范班；1921年湖南导盲学校开设的师范部，规定学制为四年；1929年上海盲童学校创办了师资培训班，分为初级和高级两个等级。这些师范班培养的学生多数留于本校工作或被他处聘请。

可以看出，在特殊学校数量不断增加，而专业特殊教育教师极度缺乏的压力下，教会特殊学校萌生了培养专业人士实施特殊教育的想法，并付诸实践。他们先是引进西方先进的特殊教育教学方法，并考虑特殊教育教师培养的全国适切性，编纂适合中国语言的教科书。通过薪火相传，带动全国各地特殊教育事业的开展。不过，特殊学校附设的师资班多数是短期性质，课程内容设置单一，教学方法不够系统，缺乏一定的规范性；主要采用"师傅带徒弟"的见习方式，要求师范生在实践中不断摸索和总结教学经验。虽然这些经验不够系统，却为我国特殊教育师资培养体系的形成与建立奠定了坚实的基础。

（二）特殊教育师资培养体系的初步形成

19世纪末年以后，特殊教育学校的办学规模有所扩大，教师主要以聘请为主，中国籍教师的比例增加，多数是特殊教育学校自己培养的学生。20世纪初，特殊教育学校开始有了师范班或师范部，专门培育特殊教育人才。如1915年成立的南通盲哑师范传习所、1921年湖南导盲学校增设的师范部，都专门对特殊教育师资进行培训。这些学生毕业之后，在全国各地开办特殊教育学校。与此同时，特殊教育师资培养体系初步建立，并逐渐向正规化方向发展。

1. 确立职业性与师范性相结合的培养目标

这一时期特殊教育师范班更注重系统性的培训，制定的培养目标也更为详细。

首先，教员的人选是非常重要的。以烟台启喑学校的师范班为例，学校要求教员人选要有健康的体魄，学历最低为初中毕业，且对于绘画、手工两科要颇为擅长。不过，达到这些基本要求对于聋哑教师而言还远远不够。他们还需要有更多的耐心和爱心，即使深入了解教学方法和得到最好的训练，仍然要具备创新精神，并对自己的职业目标有清晰的规划。

其次，师范班的学生要对学校的教学环境有所适应，与学校的教员和学生共同生活，对于学生的功课和学校的管理方法做到悉数掌握。

再次，接受师范班训练者，在长达一年的训练中必须能够发音清楚、口齿清晰，唇读动作要规范，熟练掌握贝利字母和莱恩手势的应用。

最后，也是教会特殊学校的终极培养目标，即教师无论在课内还是课外，必须向学生灌输福音救世理念，营造融洽的基督生活氛围。

从上述聋哑教师的培养目标中可以看出，烟台启喑学校的师范班对于学员有一定的学历要求，还要求具有爱心、耐心等基本素质，注重研究聋哑教育的特殊方法。

相较于教会性质的特殊学校举办师范班，非宗教性质的特殊学校举办师范班，在制定培养目标时更注重从师范性和职业性出发。1929年，上海盲童学校创办了师范班，校长傅步兰有意将师范班的规模扩充，并提高办学质量，使之成为全国特殊教育师资的摇篮和典范。

按照师范生的能力水平进行划分，师范讲习科分为初级和高级两类，高级讲习科招收高中毕业生，修业年限为一年，注重实习；初级讲习科招收初中毕业生，修业年限为两年，以教育理论和实习为主。

在实际的教学过程中，上海盲童学校的师范班要求师范生不仅要了解欧美各国盲人教育的历史及发展近况，学习盲文的阅读和书写，熟练掌握工艺课程的教学方法，还应注重从盲人的精神需求出发，给予他们更多的关爱与理解，培养其自尊自信、积极乐观的个性品质，使其具备一定的社会生存能力。

由于教育对象的特殊性和复杂性，学校对特殊教育教师提出的职业要求也更高。这一时期，师范教育的师范性和职业性日益突出，培养目标从基督信念的养成教育，逐渐转变为以训练残疾人生存技能和满足其精神需要为主的人格教育，除了注重教学能力培养以外，更强调教师应具备人道主义精神和关怀素质。特殊教育的教育功能增强，对教师也提出更多的专业要求，促使师范教育向正规化迈进。

2. 注重专业知识技能的课程设置

早期教会特殊学校开办的师范班，盲科以盲文拼读和普通学校开设的课程为主，聋哑科学习口语、唇读、语言、写作等课程，内容单一零散，缺乏系统性，且宗教色彩浓厚。这种情况在20世纪20年代以后有所转变，随着特殊教育宗教功能的逐渐弱化，师范教育在课程设置上也更加规范，以文化课为主，拓宽学生的知识面，使其具备未来从事残疾人教育的基本能力。

如南京市立盲哑学校的盲科师范班，除了采用中小学固定课本外，还增加英文课和技能训练的比重，职业训练课程添设纺织、印刷、缝纫、藤木等科。烟台启喑学校的师范班除了学习残疾弥补类课程外，还要求师范生掌握国文、算法、地理、历史等文化课程，以便更好地完成各年级的教学工作。

各校附设的师范班课程依据盲哑学校的主要功课开设，逐渐向普通课程体系靠拢，在一定程度上为接受过正规特殊教育的残疾人提供了更容易被社会接纳的条件，使其满足独立生存需要的同时，具有高雅的思想和缜密的思维。不足之处在于缺乏有关残疾人病理、心理及教育等方面专门理论研究的课程，师范性和学术性都不够突出，但对于传统残疾人的养济思想和西方特殊教育的宗教思想均有一定的突破。

3. 理论与实践并重的教学经验积累

（1）注重缺陷补偿

特殊儿童在言语、情感、行为方式及社会适应能力等各个方面都与正常儿童存在较大差异。如果特殊教育教师能够尊重残疾儿童的身心发展规律，掌握专业检查、教育、心理等方面的知识因材施教，可以使教学效果事半功倍。各特殊学校的师范班应依据这些要求，密切结合特殊教育实际，研究更加实用科学的教学方法。

据载，作为烟台启喑学校创办人之一的梅夫人曾开展过聋教育师资培训。当时的培训非常简陋，"虽有师范班名义，但未见有何专为师范生研究之课程。每日除随班上课见习，或自己试教一班外，仅有'聋哑教育讲义摘要'十数页略供参考而已"，但在当时的艰难起步阶段已实属难能可贵了。在此期间，梅夫人还为师范班的学生编写了一本教科书，主要根据聋哑儿童的感知特点解析普通字母表、语音指南以及发音构造。聋哑儿童通过眼睛观察说话者发音时的舌位和口形变化，因此师范班的发音教学注重教师范生如何清晰地发音和唇读辨音。同时，教师还必须具备灵活运用语言的能力，结合各种形式的实践活动，充分调动学生的学习兴趣。

考虑到聋哑儿童因缺少声音刺激的途径，在思维深度上与正常儿童存在明显的差距，聋哑师范班要求师范生字正腔圆，发音准确，具备一定的语言写作功底，同时注重语言思维的逻辑性，帮助学生理解字句的含义，并将口语、手语、书面语三者相结合，提高学生的语言表达能力和沟通能力。

虽然盲教育教师不乏由个别优秀的残疾毕业生或后天失明的学者充任，但多数盲校教师以明眼人为主，因此教师对视觉障碍儿童心理特点的学习和掌握是至关重要的。"盲人不见得在智力过程中有缺陷，但是由于他们不能把先前从环境中得到的资料概念化，他们在整体地使用、归纳事物时就会有能力上的缺陷。"因此，盲校师范班要求师范生学会揣摩视觉障碍儿童的特殊心理，充分运用视觉障碍儿童的感性经验，并通过语言描述，更真实地展现客观事物的形象。

傅步兰认为，视觉障碍儿童观察事物和处理问题的方式与明眼人有很大的不同，需要明眼人设身处地地考虑盲童的心理和想法。上海盲童学校为了让明眼教师更好地了解视觉障碍儿童的心理，要求教师仿照盲人失去感官的方式，完成学生本应完成的学习任务。结果发现，明眼教师遮住双眼，甚至不如盲生做得好。学生之所以没能达到要求，是因为教师按照教普通学生的方式对其进行教育，自然无法达到预期效果。故教师应尽可能利用特殊儿童的健康感官，来弥补其有缺陷的感官，使其获得一定的发展能力。

（2）注重知识的全面性

早期教会特殊学校开设缺陷弥补类课程的同时，更注重培养学生的基督信念，使之成为虔诚的基督教徒。随着学校宗教色彩的淡化，培养目标转变为使学生具备独立生存的能力和人际交往的技能。

49

因此，对特殊教育教师也提出更专业的要求。庞君博认为，"特殊教育的教师，必须能用特殊的方法、技能，帮助特殊儿童得到充分发展"。他们除了具备"饱满的精神、丰富的学力、同情心及爱心"以外，还应达到"熟悉儿童心理、善于应对复杂环境、精通教学方法、保持对教学科研的热情"等要求。不同专业的特殊教育教师，其专业素质要求也是不同的。盲教育教师应"掌握最新的盲文阅读法、感官训练法；了解视觉障碍儿童心理及教授法；具备适合盲人学习的手工技能"。聋哑教育教师应"掌握口语法、感官动作法；了解聋哑儿童心理及教授法；具备适合聋哑人学习的手工技能"。此外，他们还应以身作则，与特殊儿童朝夕相处，以人格教育塑造特殊儿童积极的个性品质，帮助其形成正确的态度和价值观。

另外，因缺乏关于特殊儿童心理学和教育学方面系统的理论知识，见习、实习及试教，成为新手教师掌握特殊儿童心理发展规律和总结教学经验的关键环节。如罗蜀芳在烟台启喑学校师范班学习期间，在预备班的观摩教学中总结道："在教师的指导下，让学生在学习上互相帮助是很重要的。聋哑儿童课堂一定要区别于普通学校，最好采用半圆阶梯座位，让全班学生看见教师的同时，彼此也能相互交流。"

从上述的教学经验中可以看出，特殊教育教师要善于应对不同的环境，具备一定的专业敏锐性，能从观摩教学和实践演练中获得经验。但过度依赖观摩实践而缺乏系统教育理论的学习，也会阻碍师范生专业教学能力的形成。不过，从整体上看，特殊教育师资的专门培养体系已初显端倪，逐渐形成具有代表性的职业特点。

（三）特殊教育师资培养的专业性增强

战争制造了大量的残疾人士，战区流亡的盲哑失学者也日益增多，加之后方地区的救济院、保育院对于特殊教育专业人才的需求也急剧增加，相应地，特殊教育师资培养也有了更完善的规划。以下以成都市基督教盲哑学校代办师范班为例，对盲哑教育师资的培养目标、课程设置、教师资格几个方面进行分析。

1. 专业性与师范性相结合的培养目标

为了培养合格的特殊教育师资，成都市基督教盲哑学校代办师范班非常注重生源的选拔。首先要有和蔼的态度和忍耐精神，对残疾儿童保持同理心，树立人人平等的教育价值观。其次，在学历方面，至少应达到初中或高中文化程度，或曾有教学经验的普通教师均可参加培训。

第二章 特殊音乐教育的历史

从上述特殊教育师资的培养目标来看，其大体上是与当时的整体发展目标相吻合的，即维持教育的正常稳定发展，尽可能保持各级各类教育的健全充实。不仅要求德智体三育并进，更使学校教育与社会生活实际契合，因此在设定特殊教育师资的培养目标上，应注重培训内容的实用性和专业性，以便实现德智体教育目标。

这一时期特殊教育师资培养目标的设定更倾向于基础能力的提高，特殊教育师范生不再局限于所教学科的学习，而是从特殊教育的基础学科出发，了解与特殊儿童相关的病理学、心理学及教育学等知识，夯实师范生的理论基础，并通过实习和见习的方式深化对理论知识的理解。此时，特殊教育师资培养在理念上有了进一步的革新，能够结合社会实际需要，设定更符合专业性的培养目标。

2. 注重系统理论学习的课程设置

成都市基督教盲哑学校代办师资班的学生，相对于其他特殊学校师范班学生而言，文化程度更高，因此，课程内容更加丰富多元且难度加深，注重系统特殊教育理论知识的学习。

根据相关数据可知，特殊教育师范班的课程主要以中等师范教育的课程内容为主，加授盲字教学、手势教学、盲残儿童心理学、学校行政管理及职业教育概论等课程，在整合学科知识的同时，加强教材教法及心理学知识的讲授，并以实践操作巩固理论知识的学习。考虑到特殊师范教育的专业特点，师范班依据循序渐进的原则，先从盲文和手语学习入手，在此基础上学习盲字教学和手势教学，加强师范生缺陷弥补类课程的教育教学能力。

此外，张謇在南通县创办的南通狼山盲哑学校（后来更名为"南通县私立盲哑学校"）的校旨为"为造就盲哑具有普通之学识，俾能自力谋生"。这是当时全国唯一一所由中国人自己创办的独立设置的盲哑学校，学制4年，初时各招生4人。校内分盲部、哑部，盲科课程包括：凸字、音学、修身、国文、历史、地理、手工；哑科课程包括：发音、语言、修身、历史、地理。这所学校也充分体现了课程的系统性和多样性。

从课时分配来看，师范班重视语言沟通技能的学习，国文（作文、应用文、读本）和英文（会话、作文、读本）作为学习的重点，约占总课时的24%。因特殊教育更注重职业技能的传授，故特殊师范教育的课程中添加了职业理论和技能培训，劳作（工艺、农业）约占总课时的18.6%。而最具有师范教育特色的教育概论和儿童心理学也是师范班学习的重点科目，这两学科课时约占总课时的11.6%。从第三学期开始加授实习课程，尤其是第四学期的实习课程的课时约占总课时的一半，说明师范班非常注重培养学生的教学实践能力，使其从实践中总结不同教学情境下教授各类特殊儿童的教学经验，提高教学实施能力和应变能力。

整体上该课程体系颇具特殊师范教育的特色，课时分配主次分明，重点突出专业课和实践课的比重，对新中国成立后特殊教育师资培养的课程设置具有一定的参考价值。

3. 延聘专业教师开展培训

由于成都市基督教盲哑学校代办师范班在招生时，对学生文化程度的要求较高，主要以初中、高中的毕业生为主，加之师范班所授课程皆为系统而高深的盲哑教育课程，理论性较强，因此，师范班力求延聘学识渊博、经验丰富的教员，不仅对教育概论、儿童心理学、教材教法等课程有系统的研究，对盲哑教育理论也要有深入的研究或具备丰富的教学经验。

从整体上看，师范班教师文化程度较高，主要聘请国内外大学或专门学校的毕业生充任教师，且很多教师曾有丰富的教学经历。但从特殊师范教育的专业性来看，专业的师资力量则相对薄弱，仅有罗蜀芳和吴国彪两人担任特殊教育课程的教学工作，专业的特殊教育师资极其有限。

不过，二人均具备丰富的特殊教育理论知识和教学经验，罗蜀芳不仅在烟台启喑学校师范班接受过正规的特殊教育专业培训，加上曾在成都市基督教盲哑学校有任教经历，积累了丰富的教学经验。吴国彪曾在美国哥伦比亚大学深造，并获得硕士学位，担任师范班教师的同时，兼任燕京大学社会系的教育学和盲残心理学两门课程的教学工作，对特殊教育理论有一定的研究。

从教师队伍的稳定程度来看，多数教师是兼任教学，流动性较大，经常一门学科的教学工作要聘请几位教师才能完成，频繁地更换教师对师范班学生的学习会产生一些不利影响。尽管师范班的办学条件艰苦，教师紧缺，但学生大多能坚持修业期满，毕业后从事特殊教育工作，他们成为新中国成立初期特殊教育事业发展的重要力量。

4. 抗日战争后拟定专业师资培养方案

抗日战争结束后，国民政府在教育建设工作中开始注意特殊教育，计划培养专门人才，拟订特殊教育师资培养的方案。

1947年，国民政府颁布《改进全国盲哑教育案》，在特殊教育师资培养方面提出，要提高特殊教育的培养层次，由中央设立专科以上程度的特殊学校，并设立盲哑教育师范班，培养中等师范程度的盲哑教育师资。同时，考虑到在职特殊教育教师缺乏专业训练，难以胜任特殊教育工作的问题，于是开设盲哑师范训练班，分期征调各地区盲哑学校的在职教师接受专业训练，提高在职教师的教学水平。这也是近代关于特殊教育教师在职培训的初步设想。但该法案仅属于"交议"案，并未正式付诸实践。

1948年7月19日和7月20日，国民政府组织召开了盲哑教育谈话会，与会人员对特殊教育的学制、课程及师资训练等方面进行了详细讨论。同年拟订了《盲人学校及聋哑学校规程（草案）》，对初级、中级、高级特殊学校教职员和行政人员的资格提出明确要求，各学科均应聘请专任教员，且各科员须由校长开具详细简历，交由省市教育行政机关核准。不过，这些法案仅处于计划阶段，并未正式公布，且当时还未设立大学特殊教育系和特殊教育的专科学校，故提出的建议不具备具体实施的条件。

另外，民间人士也提出关于特殊教育师资培养的建议。如北京市立聋哑学校校长吴燕生曾建议，联合全国的聋教育教师，组织"聋教育促进会"，成员包括耳鼻喉、脑科等各方面的专家，大家协助研究，交换意见，从不同学科的角度探索聋教育教学方法。

陈鹤琴作为近代为数不多的关注特殊教育的教育家，提出发展特殊教育必须立刻着手培养特殊教育师资，主张在儿童教育师范学院下设特殊教育系，按照特殊儿童的具体种类，分不同的专业进行教学。其他师范院校也应开设特殊教育系，聘请国外特殊教育专家讲学和派遣学者出国访问留学，汲取国外特殊师范教育的优质课程资源和教学经验，促进特殊教育教师的专业发展。

在创办上海特殊儿童辅导院时，陈鹤琴非常注重特殊教育师资的挑选，辅导组聘请了重庆大学、上海圣约翰大学、南京金陵大学等专门学习教育的大学毕业生从事特殊教育教学研究工作。选聘高学历者作为特殊教育教师，这在当时实属罕见。虽然关于特殊教育师资培养的方案和建议多属构想，但基本奠定了特殊师范教育专业发展的方向和搭建了培养体系的基本框架，为新中国成立后特殊教育师资培养提供了有益的借鉴。

三、民国时期特殊音乐教育状态

（一）特殊教育学校开展的音乐教育

特殊教育学校的课程设置是根据残疾儿童的特点来进行的。由于视觉障碍儿童失去了重要的感观通道——眼睛，他们在获取外界信息的能力上受到了很大限制，主要通过听觉、触觉、嗅觉和味觉来进行补偿。正是从特殊儿童的生理特征出发，民国时期的盲生课程设置与普通学校相比略有调整，普遍做法是在盲人学校或盲人班加强音乐课，设声乐、器乐、作曲和唱歌等科目。为使盲生学会写曲填词，还加授盲文符号书写法，而对聋哑学生不设音乐课程。1941年创办的吴县救济院盲哑学校，学制4年，也开设了音乐课；1942年，国民政府接收南京市立盲哑学校，改名为"教育部特设盲哑学校"，设高中师范科、初中、小学三部，成为当时中国盲哑教育的最高学府，并为社会培养了大批师资，其中有1名盲生考入当时的"国立音乐学院"，也就是今天的上海音乐学院。1945年，基督教盲哑学校初中及小学各班之课程与教育部标准基本相同，不设图画课，而着重音乐及工艺，预备班进行一年常规训练和学习盲文，无具体教学计划。

特殊音乐教育主要包括唱歌和器乐演奏等内容。1926年，11岁的盲人张传生来到福州盲人学校学习，在学习盲文的同时，练习风琴和二胡弹奏，不仅弹得一手好风琴，还能熟练运用二胡演奏流行曲调。1946年春，盲人甘柏林进入长沙盲校，跟随武泗玉教师学习二胡、笛子、扬琴，1947年专攻二胡，后被保送到"教育部特设盲哑学校"，随宋廷亮教师学习二胡，期间又得到了二胡演奏家张锐、甘涛教师的指教，被誉为我国"青年二胡演奏家"。

民国时期，盲哑学校的课程以南京市立盲哑学校最具代表性。下面，就民国时期南京市立盲哑学校的一周课程表对当时的特殊音乐教育进行简要分析。

音乐课在盲科学生教育课程中所占的比重是很大的，仅次于国文，与数学和英文相当。所有盲生一周要上四节音乐课，这在普通儿童的教育中也是较为少见的。而对于哑科学生来说，由于听力和语言表达方面的障碍，当时并没有开设音乐课程。

由于旧中国的历届政府不重视特殊教育，加之战祸连连，残疾儿童无法上学，那时的特殊教育发展极为缓慢，无论是办学规模，还是学科水平，都是非常落后的。据1948年出版的《第二次中国教育年鉴》记载："各省市盲哑学校，因抗战关系，停办甚多。自抗战胜利后始逐渐恢复，截至民国三十五年，共计有42校，教职员工360人，学生2380人。"绝大多数学校由宗教和慈善机构主办，穷苦儿童常因缴纳不了学费而被排除在校门之外。

（二）民间特殊音乐教育

除了特殊教育学校进行音乐教育外，师徒传承是我国特殊音乐教育的另一种形式，并占有重要位置，而师徒传承又包括社班学习和个人传授两种。民国时期，特殊教育学校数量较少，远不能满足实际需要，仅泉州市鲤城区就有盲艺人30多人，所以，绝大多数盲人不是在特殊教育学校学习音乐，而是跟随民间艺人进行学习，所唱曲子因人而异，没有固定曲牌，但各人有相对稳定的一种或几种曲调，因而各具特色。如1934年，漳州盲艺人芦菊（女），6岁时因病双目失明，7岁时开始向平和县小溪镇的云章师学唱绵歌，同时利用晚上时间向师娘学习锦歌小段。由于她记忆力强，音色浑厚圆润，乐感很好，历时半年多，就深受听众喜爱。其中《牛犁歌》（送哥调）、《搭船歌》（走唱调）、《天黑黑》（杂嘴调）等曲子至今仍流行。江西广丰的谢德兴，自幼因病失明，后又父母双亡，随大批盲人到建瓯乞讨，被谢姓盲艺人收为养子，并随义父学习唱曲。类似情况还有很多。为了生存和迎合听众的欣赏需求，很多盲艺人都能自编自演，不断扩充和调整自己的演唱内容。如谢德兴在演唱《劝善文》时，受三角戏和南词影响，用了许多装饰音润腔，使他的演唱深入人心。

除了学唱小曲外，为了满足演出需要，盲艺人还要学习民间传统乐器，所学乐器与所唱小曲多有关联。有艺谚说："盲人在世饭碗难，乞讨算命拉四弦。"这些乐器种类很多，几乎涵盖了所有中国民间乐器，其中以击节器和便于携带的乐器居多。有的艺人在演唱时，通常自行伴奏，在集体参加某种演唱时，除一人演唱外，其他人会击木鱼、小锣，甚至拉二胡进行伴奏。如河南开封鼓子曲艺人张进忠，幼年双目失明，拜"永康社"鼓子曲艺人曹春明为师，学弹三弦唱鼓子曲，以为生计，常以自弹自唱的形式在街头或茶馆卖唱。

第三节 中华人民共和国成立初期的特殊音乐教育

自中华人民共和国成立以来，中国的特殊音乐教育也揭开新的历史发展篇章，但其发展历程并不平稳，呈现出迂回上升的趋势。以1966年至1976年这一阶段为界线，中华人民共和国成立初期的特殊音乐教育大致可分成下述两个阶段。

一、1949年至1965年的整顿发展阶段

中华人民共和国成立初期，中央人民政府开始全面接管外资及私立的特殊学校，并建立中央、省级、市级及县级特殊教育的行政管理机制体系，同时还颁布一系列对特殊教育有促进作用的政府措施，改革学制和加大投入，对教学计划、

班级规模、课程设置等进行统一规划。具体表现如下。

1949年12月，第一次全国教育工作会议提出"对中国人办的私立学校，一般采取保护维持，加强领导，逐步改造的方针"。根据这一方针，全国各地开始对私立的盲聋哑学校实行保护维持，并给予经济补助，使之继续办学。1950年12月，中央人民政府政务院明确接管接收美国津贴的盲聋哑学校，"改为国家事业或由中国人民完全自办之事业"。1954年，教育部为加强对盲聋哑学校的领导，改善办学条件，扩大招生规模，先后通知有关地方接办私立盲聋哑学校。到1957年，全国所有私立盲聋哑学校转为公办。随着国民教育的全面实施，各地又兴办了一些特殊教育学校。这个时期，中国特殊教育有着显著变化：办学思想趋于共同化，办学形式趋于模式化。相关法律、法规和文件由政府部门颁发，习俗沿革过去传统，学制、科目和教学比较统一，办学的规模和规范化程度超过了历史上的任何时期。

在发展的十多年当中，中国特殊教育学校与师生人数均有明显增加，教学质量以及教学条件都得到了明显的提高和改善，我国出现了第一个对智力落后儿童进行培养教育的班级，开始对特殊儿童的教育进行探索。但受当时经济条件和社会发展水平的影响，中国特殊音乐教育在当时的总体水平并不高，且办学条件也十分简陋，教材不统一、师资匮乏等，各地的特殊音乐教育基本处在自行设计、自主规划及自由发展状态。

二、1966年至1976年的重大挫折期

这个阶段是中国现代史上十分特殊的阶段，当时中国的政治、经济、文化等事业都受到了影响，使特殊音乐教育原本的良好发展势头骤然中断，特殊教育的行政管理、教学及相关研究等都进入半停顿或全停顿状态。虽然这一时期特殊教育学校与学生的数量没有明显的变化，但是师资力量明显削弱，使教学内容变得粗陋、单一，进而导致教学的质量也呈现滑坡趋势。

然而，在此期间，全国各地盲校仍然坚持开设音乐课程，如南京市立盲哑学校、武汉市盲童学校等，但课时数量和教学内容有较大滑坡。以南京市立盲哑学校盲部为例，据该校音乐教师李梦吾回忆：1966年至1976年，尽管6名音乐教师中有5人先后离开了学校，但学校一直坚持开设盲人音乐课程，教学内容以合唱、器乐为主，停办了乐理课程，只开设了器乐课和音乐课，其中器乐课是南京市立盲哑学校传统的特色教育科目。

第四节　改革开放以来的特殊音乐教育

一、改革开放后特殊音乐教育发展的总体概况

1976年之后，"改革开放"政策的实施使中国的经济、教育、文化等事业都开始重新调整和步入正轨，此时，特殊教育相关法律法规与行政体系也得到了很好的恢复与重建。关于特殊教育的制度不断地建立与完善，使特殊教育重新得到了重视，并纳入九年义务教育的范畴当中，各种培智机构和特殊教育学校纷纷诞生和快速发展，使特殊儿童的受教育需求得到极大的满足。当时全国范围内培智学校建成数量已经超出盲校、聋校的总和，加上政府在财政上和政策上的投入和支持，各地的办学条件也得到了明显的改善，在这种背景下，特殊教育学校师生的数量开始逐年增加，特殊音乐教育的相关理论和实践研究开始逐步深入，为特殊音乐教育的进一步发展奠定了良好的基础。

二、改革开放后特殊音乐教育发展的不足之处

总的来说，特殊音乐教育的状况整体向好的方向发展，但是在部分贫困地区依然存在一些问题，具体来讲包括以下几方面。

（一）教学硬件不足

1. 多媒体设备较少

总体来看，学校对多媒体设备的资金投入在增加，但在学校资金投入中所占比重仍然非常小。尽管特殊音乐教育对多媒体电子设备的需求并非不可避免，但是特殊音乐教育也有其自己的规则，即以音乐为导向和以音乐活动为中心。但这并非表示特殊音乐教育对多媒体设备就没有需求，多媒体设备作为教学辅助手段的一种，具备一定的独特性，能够让音乐课程的开展更加便利。

2. 乐器数量较少

学校出资所配置的乐器类型有限，学生没有一些简易的乐器，如竖笛、口琴等。这主要有两方面的原因：一方面是管弦乐器价格较高，另一方面是没有相应的器乐教师，所以乐器配置无法达到要求。

3. 活动场地不足

一些特殊教育学校占地面积较小，学校能给学生进行音乐活动的场所比较

少，部分学校仅有一间教室作为音乐活动场地，但实际上音乐活动场地的利用率比较低。分析特殊教育学校的性质可知，其所建立的音乐活动场所作为音乐课的延伸，主要是为学生提供音乐课的课外活动及音乐实践平台，这里也是学生练习音乐以及乐器的地方，更是音乐教育开展的构成基础。若学校在音乐教育上没有打好基础，那么音乐教育就只是一个口号，所以特殊教育学校要想很好地开展音乐教育，就必须高度重视这一薄弱环节，在条件允许的情况下做出改善。

（二）学生音乐素养不足

特殊教育学校在校生多为聋哑学生和智力障碍学生，学校按照学生的入学年龄、智力水平、学习能力等综合情况分班，同一班级年龄相差较大，不同年龄、不同智力水平、不同残疾类型的学生在音乐学习和音乐感知上差距明显。虽然有一部分智力障碍学生能够完整演唱歌曲，一部分听觉障碍和语言障碍学生能在课堂上完成一些简单动作，但对于大部分学生来说，唱歌和舞蹈动作沟通上有障碍、乐器不足导致练习时间不够等原因，使得很多的学生对音乐课的感受并不强烈，在课堂表现上也就不会那么积极了。

（三）音乐实践活动安全预案不足

每次在进行音乐实践活动需要离校时，学校都做了比较详细的安全预案报送教育局，并在活动后进行活动总结。学校尽可能地做好准备工作，保障学生的出行安全，但在细节上仍有缺失之处。

第三章　自闭症儿童的音乐教育

音乐教育是美育中的重要组成部分，也是自闭症儿童特殊教育中的一个重要手段，并且科学、有效、高质量的音乐教学，不仅能够带给自闭症儿童"美"的享受，而且还能给予自闭症儿童身心补偿，有效弥补其在其他智能方面存在的缺陷，进一步推动自闭症儿童的身心全面发展。本章分为自闭症及其临床表现、自闭症儿童的身心特征、自闭症儿童音乐教育方法与策略三部分。主要包括：自闭症儿童概述、自闭症的成因、自闭症儿童的诊断与表现、自闭症儿童的生理特征等方面。

第一节　自闭症及其临床表现

一、自闭症儿童概述

（一）自闭症儿童的特性

自闭症属于广泛神经发育障碍。自闭症儿童的身心特点包括：注意力、行为方式、情绪感知、理解和概括、社会互动，五大方向存在异常敏感和冷漠极端感知反应。由于认知发展不平衡，部分自闭症儿童具有视觉优势，对细节感知力较强。例如，英国自闭症患者、天才画家斯蒂芬·威尔可以绘制城市样貌。下面从五个方面分析自闭症儿童与普通儿童的差异。

1. 注意力

自闭症儿童难以长时间维持注意力，通常选择关注某些特殊事物。他们经常对非生命特征物体产生特殊迷恋，如果将其依恋物件拿走，会引发其焦虑、烦躁等情绪化反应。

2. 行为方式

自闭症儿童经常出现刻板重复性、不协调行为动作，部分患儿会出现反复跳动、无意识拍手以及用脚趾走路等异常行为。对物体非功能性的特征（气味、质地），会反复嗅物体气味或触摸物体表面。患儿会坚持重复僵化的生活方式，如果熟悉环境突然性改变，会出现不安全感。

3. 情绪感知

自闭症儿童情绪异常多变，无法正确表达内心情绪，难以理解复杂的情感表达方式。他们时常感到不安，会通过叫喊、奔跑、冲动攻击或其他方式表达自我情绪。但在父母或教师的正确干预下，他们会逐渐恢复平静。

4. 理解和概括

自闭症儿童缺乏正常理解和概括的能力。他们在言语沟通交流方面存在障碍，难以理解隐喻、成语抽象语言含义，也无法正常表达内心想法。部分儿童终身缺失话语能力，言语理解能力存在缺陷，经常刻板地重复某些词汇，沟通缺乏逻辑性，语法结构经常性错误，难以理解人称代词等抽象概念。

5. 社交互动

自闭症儿童在社交互动方面存在障碍，缺乏和他人沟通的能力以及兴趣，无法独立参加社交活动；他们不能使用适当的语言和行为来表达对他人的喜爱，缺乏模仿与非言语沟通理解能力；常常出现自娱自乐、呼之不理现象，难以理解正常社会交往规则。

（二）自闭症儿童行为障碍的分类

自闭症儿童存在相似特征的行为障碍，但同时还存在同种行为障碍出现不同表现的情况。由于患儿患病程度不同，因此因行为障碍引起的动作行为也存在多样性。据研究，无论哪一程度的自闭症儿童都存在三种行为障碍，即重复刻板行为、妨碍性行为、粗大与精细运动障碍。

1. 重复刻板行为

重复刻板行为是自闭症谱系障碍儿童最明显的行为障碍，但每个自闭症谱系障碍儿童的重复刻板行为都不相同。重复刻板行为是一种带有强迫性、持续性及固定性的行为。不同个体在患病期间会接触不同刺激，从而产生重复刻板行为。这种重复刻板行为会加深患儿的异常心理反应，进而导致行为异常化。

自闭症儿童重复性行为也被视为一种强迫性行为，这种强迫性行为在患儿感到焦虑、不安时会频繁出现。例如，有些患儿在接触新环境时由于缺乏安全感，会产生不断原地转圈的行为，有些患儿会在日常生活中出现不停舔舐自己手指的行为，有些患儿会出现反复性抓握身旁人的胳膊等行为。自闭症儿童重复性行为的发生频率和持续时间与患儿所处环境及个人生理条件有关。刻板行为是指自闭症儿童在日常生活中带有持续性和固定性的行为，这种刻板行为没有实质性意义，是自闭症儿童生活中的固定活动程序。例如，必须保证身边物品摆成一条直线，每天上下学时要走固定路线等。

若旁人对自闭症儿童的刻板行为加以改变，会引发患儿暴躁情绪以及伤人行为。自闭症儿童重复刻板行为是由自闭症儿童脑功能发育不良引起的，患儿大脑中枢神经在发育过程中出现异常波动，导致患儿整体生理发育迟缓。具体地说，自闭症谱系障碍儿童出生时的平均头围总体上正常，但婴幼儿期增加比率可以从6.7%到27.6%，到5岁之后又有恢复正常的倾向。自闭症儿童在1至2岁时大脑发育速度比正常儿童快，但随着自闭症儿童增长到2至3岁，大脑发育速度将会比正常儿童慢，随之到青春期及成人时，自闭症儿童大脑发育水平处于停滞状态。这也就说明自闭症儿童大脑中神经机制与脑组织在1至3岁时发育过于迅猛。自闭症儿童大脑神经机制发育异常导致患儿中枢神经系统等发育异常。

儿童在日常生活中会利用眼睛观察、耳朵聆听、肢体触碰与记忆运用等方式，并结合已获得的生活经验来分析并处理事物，在此过程中儿童个体生理与心理将逐渐发育成熟。但由于自闭症儿童在感知觉与视觉上存在发育障碍，因此心理发展水平相较于正常儿童来说存在一定的滞后现象。

自闭症儿童由于心理发育异常，因此在感受外界环境时会产生认知偏差，从而通过重复刻板行为来调节自身心理平衡，这是一种对于外界环境所产生的内在保护机制与防御措施。个体在通过不同刺激感受到外界客体后，需要进行注意力转移，才可以发展心理活动。个体注意活动具有具体指向性与集中性，而自闭症儿童注意活动的指向性与集中性程度都较高，这样也就促成其重复刻板行为不断出现。不同自闭症儿童具备不同刻板重复动作，每一位患儿重复刻板行为的养成都与其生长环境密不可分，这就导致刻板行为具有多样性特点。

2. 妨碍性行为

妨碍性行为是指自闭症儿童发出的带有一定攻击性与破坏性的行为，这种行为会给患儿自身及其家人、教育工作者造成伤害。妨碍性行为大致分为两类：自伤性行为与攻击性行为。

自伤性行为是自闭症谱系障碍儿童对自己发出的伤害行为，该类儿童在应对环境变化或感受到不安时会发生咬手指、抓挠肢体、吞咽异物等行为。一般极度缺乏言语表达能力的自闭症儿童会在社会交往过程中出现自伤性行为。当患儿无法用言语进行情绪表达时，会用自伤性行为来缓解焦虑情绪。患儿的自伤性行为会严重威胁自身安全，如有些患儿会有吃土、吃墙皮等异食癖，有些患儿则会在暴躁时用头撞击墙面等。

自闭症儿童随时发生的自伤性行为，不仅威胁患儿人身安全，而且还给看护者带来一定精神压力。与自伤性行为不同的是，自闭症儿童攻击性行为是对他人或物体的危害性行为。对他人的攻击性行为表现为毫无征兆地抓、打、踢等。针对物体的攻击性行为表现为患儿拿到任何物体都会扔或砸，这就需要监护人或教师在确保患儿安全的前提下，保证物品财产安全。

自闭症儿童在日常生活中发出攻击性行为也会对社会交往带来极大困难，家庭成员、教师以及同龄儿童都会是患儿攻击性行为的主要受害者。每位自闭症儿童妨碍性行为程度不同，因此对人或物的攻击性也会有所不同，且妨碍性行为会随时发生，因此妨碍性行为的严重性不可小视。

3. 粗大与精细运动障碍

运动能力是指个体在时间与空间变换中进行肌肉收缩与舒展的能力，个体在此过程中一切肌肉运作都由中枢神经系统进行调控。以个体运动时肌肉活动广度为依据，我们可以将个体的动作划分为粗大动作和精细动作。运动发育迟缓是自闭症儿童普遍的生理问题，具体表现为粗大动作与精细动作发展异常。

粗大动作指个体在日常生活中经过大肌肉群组织成的基本动作，如站、走、跑、跳等。大部分自闭症儿童在日常生活中都会表现出动作不协调、笨拙、不稳定等显著特征。

研究表明，自闭症儿童与正常儿童相比较，其四肢协调能力较差。自闭症儿童在日常行为活动中，其手脚协调、手眼协调以及左右半身协调都表现出异常状况。个体的本体感知使人体在没有某一种感觉参与下，同样可以进行正常活动，这种自然条件的感觉能力在调动人体感官参与的同时，协调人体的各种外在行为。自闭症儿童本体感觉发育异常，导致儿童出现一些过分夸张行为动作，使自闭症患儿在粗大运动上产生不协调情况。精细动作异常指自闭症儿童对手、眼、面部表情掌握与协调异常。

实验发现，很多自闭症儿童在进行一些感知训练时，不能够良好掌握手的自然能力，对于画画、写字、搭积木等行为存在明显异常表现。在日常生活中，患儿会因为精细运动障碍不能完成刷牙、吃饭等基本日常活动。

由此可见，异常运动方式与动作行为将会影响自闭症儿童正常的生活习惯，行为障碍会影响患儿成长过程中的自我认知以及生理发育，并严重影响患儿感知觉系统，从而削弱外在环境对患儿的积极感官刺激，阻碍患儿动觉发育，进而影响患儿粗大与精细运动发展。

二、自闭症的成因

由于现代科学发展的局限性，目前关于自闭症的病因还处于探索阶段，一些医学、心理学、教育学的研究者也做了大量的研究工作，并取得一定的成果。虽然还不能解释出自闭症形成的具体原因，但美国杰出的心理学教授劳拉·施赖布曼博士在其所著的《追寻自闭症的真相》一书中对自闭症的成因做了以下几种归纳。

（一）遗传因素

儿童患自闭症大部分是遗传。遗传学专家研究表明，单卵双生子比双卵双生子患自闭症的概率要高一些，其中双卵双生子的患病率大概能达到10%，而单卵双生子患病率约达到82%。在该种情况下和普通的家庭相比较，患儿家庭中的自闭症患者出现的频率更高，同时在认知方面有着明显的不足。

（二）孕期及围生期并发症

专家研究显示，自闭症儿童的母亲在孕期出现并发症比正常儿童的母亲多，而且在围生期（妊娠期28周之后到产后一周的这一分娩前后的重要时期）出现的并发症也较多。

除此之外，产妇年龄较大、怀孕三个月以后有阴道出血病史的母亲所生的孩子患自闭症的概率也较高。

（三）孕期营养不良

儿童在胎儿期时，其神经系统的发育是至关重要的，胎儿神经管发育所需要的重要营养成分就是叶酸，母亲在孕期需按照医生的建议补充适当的叶酸，以防止胎儿神经管畸形。另外，铁、钙、脂肪等不同营养的摄入都是保证胎儿正常发育的基础。在胎儿期时，母婴摄取营养不够充分也是儿童产生各种疾病的主要因素。

三、自闭症儿童的诊断与表现

目前，很多疾病的诊断结果相对来说都很准确，如肺结核、癌症等，这类疾病通过医学实验检测就可以得到相对准确的疾病类型，也能通过医学检测手段检查出所患疾病的大概程度。不过自闭症、阿斯伯格综合征或者其他有待分类的广发性发育障碍，目前国际上还缺乏精确的医学检测手段。目前还没有任何一个实验能通过检测大脑就可以确定是否患有自闭症谱系障碍。

当前，对于发育障碍的诊断大多数依赖精神医生手册中的行为描述来判断。在国际上大多数医生使用由美国精神医学会出版的《精神障碍诊断和统计手册》来测试儿童是否患有自闭症。自闭症谱系障碍的早期诊断的第一步就是对潜在的可能信号进行筛选。有部分研究认为，大部分的自闭症儿童在其出生后的两年就表现出了ASD的信号，同时有小部分的自闭症儿童在出生后的第一年就有了ASD征兆。总的来说，当发现儿童有下列症状的时候就应该警觉：呼叫儿童的名字但没有反应；儿童很少笑；儿童喜欢独处，不爱与人互动；儿童对某些声音或物体产生浓厚的兴趣等。

总的来说，自闭症在出生12～24个月就已经有征兆，在3岁之前，明确出现以上特征，就应该引起重视，去医院测试儿童是否患有先天性的自闭症。除此之外，也有部分人群因为家庭环境因素或者生活中出现巨大变故而患上后天性自闭症，这种自闭症大多无年龄限制，可能在青少年和中老年人身上发生。

根据自闭症的诊断标准，自闭症的症状主要表现在三个方面：社会交往障碍、语言沟通障碍、行为异常。

社会交往障碍是自闭症儿童最核心的障碍，卡勒教授对自闭症的最初观点就是自闭症患儿与正常儿童不一样，他们有与世隔绝的特性。其主要表现在下述方面：对声音不敏感，无法将注意力从自己手中的事转移到声音来源处；常常忽视其他人，专注自己正在进行的活动；眼神常常空洞无目标，难以用目光表达情绪与需求；没有主动与其他人分享情绪、建立伙伴关系的意愿等。

语言沟通障碍则是自闭症儿童最为突出的表现。自闭症儿童语言沟通障碍主要表现在两方面：非语言性沟通障碍和言语性交流障碍。非语言性障碍主要体现在：自闭症儿童对肢体语言的运用不灵敏，面对谈话中的询问等，他们不会运用肢体语言表达肯定或否定等；面部表情与同年龄段的正常儿童相比不够丰富，经常保持同一个表情或者面无表情。言语性的障碍主要体现在：较少讲话甚至是不语；常出现多次重复或模仿行为；语言不连贯，用词不当，在表述内容时总是思维跳跃。

行为异常主要表现为固执、强迫性行为。自闭症儿童大多对自己的某种习惯固执，例如，他们坚持只吃几种绿色蔬菜，不吃其他种类的，多数儿童还有偏食等习惯，只吃肉类不吃蔬菜等；身体也会有固定的行为，在弹琴过程中不受控制地嘴巴微张；有超乎常人的记忆力，有些自闭症儿童能凭借着记忆画出线路图，对玩具的组装图也有惊人的记忆力。

自闭症儿童从婴幼儿时期就表现出只生活在自己的世界里，不理会其他人，缺乏社交意识，几乎不与人有眼神交流，语言发育迟缓，大多还有固执性行为，兴趣范围狭窄。

自闭症谱系障碍在社会交往障碍、语言沟通障碍、行为异常等几个方面没有性别差异，但在其他方面存在男女差异。例如，自闭症谱系障碍中的行为异常症状存在较多的是男性，他们容易冲动，在产生焦虑情绪时容易动手拍打他人，强迫性行为也较女孩更加突出一些。女性在自闭症的症状中，大部分体现的是在社交上退缩；容易自伤的行为和情绪障碍的症状较为突出。

例如，小明属于高功能轻度自闭症。小明最初的状况是拒绝社交，不和其他的小朋友互动玩耍、分享感受，习惯性地回避他人的眼神，也拒绝与别人有眼神交流。经过在康复中心的一系列干预后，具备与人沟通交流的能力，学习能力也较好。随后开始学习钢琴，而且视谱能力较好，对于乐谱的记忆力与同龄儿童相比较强。但与他沟通时发现其语句表述得不完整，有时用词颠倒，或者多次重复某个他认为重要的词语，焦虑时容易出现流眼泪，或者动手拍打他人等情况。

四、自闭症儿童的现状分析

（一）发病概率

1982年陶国泰教授首次提出了自闭症案例的有关报道。《中国自闭症儿童发展状况报告》称，我国自闭症患病率和其他国家相似，约1%。

（二）康复训练现状

康复训练是一个漫长的过程，除了需要政府加大扶持力度之外，还需要全社会行动起来做出贡献给自闭症儿童提供有效帮助。为了切实解决自闭症儿童的家庭困难问题，在我国财政部门的支持之下，中国残联在2009—2020年期间，共投入经费20.68亿元用于对自闭症患儿实施康复训练。

我国在对自闭症儿童进行治疗的时候主要运用行为分析模式、ABA 正强化模式、机构化教育模式、人际关系干预模式等各种类别的康复训练模式。上述训练模式都可以促使自闭症儿童快速恢复健康。有些康复机构也将绘画治疗模式、音乐治疗模式、戏剧治疗模式以及舞动治疗模式引入其中。

第二节　自闭症儿童的身心特征

一、自闭症儿童的身体特征

科学研究显示，患儿的头部额叶比正常人占据面积更大。额叶是人脑储存重要认知功能的部位。自闭症儿童细胞迅速发育会瞬间侵占大脑空间，损害大脑的正常运转。过密的额叶细胞彼此连接并相互影响，逐步失去与大脑中其他细胞的连接，从而中断了信息传递。自闭症儿童新生时大脑发育并无异常，但在 2 岁时大脑会快速发展，生产大量额叶细胞。医学实验发现，4 岁左右儿童的脑部发育会与青少年相同，这使得部分家长误认为，孩子拥有天赋和不凡的学习能力。其实这种异常是导致自闭症儿童注意力缺失和镜像系统功能丧失的主要原因。

自闭症儿童注意力系统缺失引发各种奇异行为。常见症状包括行为上的持续性重复、出现破坏性行为、无法认同身份转变、奖励认知体系失常、不具备自我护理能力以及安全意识减弱。镜像系统缺失表现为难以模仿他人行为，缺乏肢体交流、捕捉面部表情的能力，社会交往能力发展受阻。

二、自闭症儿童的心理特征

儿童心理发展可分为四个阶段：知觉运算期；前运算思维期；具体运算期；形式运算期。自闭症儿童表现孤僻和沉默是心理层面缺陷，心理感知与自我探究能力缺失是大脑神经异常发育导致。

2003 年，我国开展了自闭症儿童心理推演能力的实验。结果表明，自闭症儿童与正常儿童的心理推演能力，随着年龄的增长，差距也不断拉大。大量数据显示，由于自闭症儿童的心理思辨能力缺乏，因此他们无法接受和处理来自外界的信息，导致社会交往能力、沟通能力和抽象创新能力存在不同程度的障碍。

第三节 自闭症儿童音乐教育的方法与策略

一、音乐对自闭症儿童的治疗

（一）音乐对自闭症儿童的治疗好处

惠琳学者认为，音乐治疗模式运用在自闭症患儿中有较好的效果。这主要是由于音乐和人类发展有较为密切的联系，包含音乐在内的各种艺术活动都可以促使人体的神经系统不断发育。

赵润平学者认为，音乐治疗模式对治疗自闭症的良好效果已经被临床大量的实践所证实。有90%以上的患儿接受音乐治疗之后，认知能力有明显的改善。自闭症患儿在无拘无束的音乐氛围中喊叫、嬉笑、打闹以及律动，将其负面情绪释放出来。音乐治疗模式可以将患者的注意力吸引过来，保障其交流能力以及学习能力得到显著提升。

金炳旭、李诺、赵勇等学者经过研究发现：通过对自闭症患儿进行一对一的音乐干预，患儿与陌生人在交流过程中出现的恐惧感可以显著降低。

（二）音乐在自闭症儿童康复治疗中的应用策略

1. 聆听音乐策略

针对性地播放患儿喜欢的音乐，促使患儿在轻松的氛围中减少分心行为与躁动行为。金炳旭、李诺、赵勇等学者认为，在聆听音乐的时候，患儿可以随着音乐节奏用手打出节拍，将自身情感进行表达。

2. 朗读、背诵策略

通过运用背诵或是朗读歌词、短句以及诗歌的模式，可以使患儿锻炼表达能力。张弘、杜文娟、白雪飞等学者认为，运用背诵与朗读策略，需要同时播放适宜的音乐，引导患儿进行节奏训练，以便患儿可以精准地将自身情感用言语表达出来。

3. 舞蹈训练策略

金福实学者认为，运用舞蹈模式对自闭症患儿实施的治疗一般为团体治疗模式。其可以通过两类方式开展。第一类为：运用音乐促使患儿尽情地舞蹈，在即兴舞蹈中将自身恐惧感、紧张感、焦虑感释放出来。第二类为：治疗医师教授患儿简单的舞蹈动作，促使患儿可以跟随音乐做出舞蹈动作，引导患儿集中精力，培养肢体的协调性，从而和他人相配合。

二、自闭症儿童音乐教育的原则与特征

（一）自闭症儿童音乐教育的原则

1. 补偿、矫正原则

自闭症儿童不同于正常发育儿童以注重德、智、体、美、劳的全面发展为教育原则，自闭症儿童因在生物性神经系统发育、语言、认知、行为等方面存在客观性的缺陷，他们对于礼德的学习和规范、阶段性学科知识、正常的体育活动、审美能力及生活和工作技能的掌握都存在质的缺陷，所以自闭症儿童的音乐教学当以补偿和矫正为原则。

每位自闭症儿童症状的程度、生活环境及行为方式各不相同，共性在于都具有错误的生活风格，这些错误的生活风格会衍生出一些不利于他人及社会利益的行为，诸如自我刺激行为、破坏性行为等，自闭症儿童的音乐教学在于矫正这些错误的行为，改善行为方式，使其尽早融入社会生活，为他人和社会创造价值，解决生存、工作和婚姻三大人生问题，进而谋求较高质量的生活。

2. 发展社会兴趣原则

自闭症儿童的社会兴趣能力在一定程度上决定了其"脱帽"的进度。自闭症儿童心智模式的缺失、社交内在驱动的缺失、人类镜像系统的不完善导致其对他人尤其是同龄人不感兴趣，严重缺乏情感回应；他们过度关注自己，拥有强大的私人逻辑能力，致使无法拥有理解他人的思维；他们先天缺失共情和移情的能力，对待他人的爱和恨都置若罔闻；严重缺乏社会兴趣的自闭症儿童还会有自我刺激和破坏性行为的交替出现。如何发展自闭症儿童的社会兴趣？个体心理学的参考意见是，发展合作能力。

所以，自闭症儿童的音乐类课程应当以启发合作意识、培养合作能力为原则，使他们感受到个体能力的渺小，引发自卑感；合作和竞争相辅相成，适当的竞争同样可以引发自卑感，使其自觉追求优越感。

3. 泛化原则

在应用行为分析中，泛化是指个体将在治疗过程中所学到的概念或技能应用到具体的生活情境中。由于自闭症儿童大多存在认知障碍，在教育和治疗的过程

中掌握的行为和概念具有明显的时限性，自闭症儿童在音乐活动中学会了某首歌曲，交到了新的朋友等，都应立即着手帮助其泛化到日常生活中，比如建议并鼓励他将新学会的歌曲演唱给父母听等。自闭症儿童在成功泛化后，其人格、生活风格以及社会兴趣都会得到一定的巩固、矫正和发展，才有机会在日常的学习生活中实现内化。

一切与康复课程的目标设定有关的内容都应当遵循可泛化的原则。自闭症患儿在学会了课程中所教的项目后，就应该马上着手进行泛化，使之能运用到日常生活中，并通过泛化检核表评估其泛化程度。

（二）自闭症儿童音乐教育的特征

1. 游戏性

个体心理学作为一种应用心理学，提倡时刻营造一种融洽、快乐的交往氛围。自闭症儿童游戏课程的特点在于学习游戏技能，培养游戏能力。游戏技能是自闭症儿童必须掌握的重要技能，不具备游戏技能的自闭症儿童只能以自己有限的认知与自己独处，从而导致情绪低沉、抑郁症状加重，不利于能力的发展。

这里指的游戏性并不是单纯地将游戏作为课程主体，而是教师要为个体或群体受教者营造积极、快乐并且有吸引力的课堂环境。研究者发现，自闭症儿童在快乐、放松的时候更乐意开口说话，且社交意向明显。再者，孩子在游戏的过程中与教师尤其是同年龄段的同学有合作也有竞争，通过合作可提高孩子与他人建立联系的能力，对他人产生兴趣和依赖；通过竞争可以启蒙其自卑感，使其得知自己的不足从而自觉地追求卓越。

2. 分解性

因自闭症儿童普遍存在认知和沟通障碍，所以应采取极小单元的分步教学模式。分解式尝试教学是一种比较特殊的教学方法，它能最大限度地拓展自闭症儿童的学习框架。它能用于包括认知技能、沟通技能、游戏技能和自理技能在内的大多数技能的培养。

分解式尝试教学包括：①将技能分解成几个较小的步骤；②每次只教一个步骤，直到个体掌握为止；③进行密集教学；④必要时进行提醒，并逐步减少提示；⑤运用强化的方法。每堂课包括许多"尝试"，每个尝试都有明确的开始和结束，因此称之为"分解式尝试教学"，只有个体掌握了技能的所有步骤才能教授新的技能。

分解式尝试教学每次只教授极简单的步骤，并力求个体立即做出反应并逐步内化，而不是简单的反复模仿。

例如，为了确保后期对象可以参加到开发合作意识的音乐活动中，前几次教学必须首先学会某首歌谣，那么就歌谣歌词部分的教学可能需要分解成几节课甚至十几节课完成，这不同于传统的、连续尝试的教学方法，这些方法往往一次性教授比较多的内容，也并没有明确个体需要做出什么反应。分解式尝试教学营造的是一种积极的教学氛围，因为自闭症儿童不可能在被动的环境中汲取知识。

3. 师生关系的横向性

个体心理学之父阿德勒提出现在是横向关系时代，基于爱与尊重，才能做到既不惩罚又不骄纵孩子。个体心理学干预下的自闭症儿童音乐教学中，教师与自闭症儿童必须始终保持横向关系，在平等与合作的前提下完成教学过程和教学目标。横向关系的自闭症儿童的音乐教学特点表现在以下三个方面。

第一，教师只有率先做到单边横向关系才可能产生双边的横向关系。由于自闭症儿童先天存在认知和社交障碍，大多对他人和社会交际没有兴趣或者不具备社交技能，这就意味着教师必须首先做出"妥协"，以平等、尊重、合作的姿态处理两者的关系。

第二，教师在教学过程中应最大限度地避免纵向关系的建立。即使大多自闭症儿童具有自我刺激和破坏性行为，也不能有任何口头责难甚至身体处罚，因为两者皆是上级对下级的征服行为，极不利于自闭症儿童的心理发育以及后期课程的开展。

第三，以引导产生自卑情绪的方式处理"统治—索取"型人格的自闭症儿童的高姿态问题。此类人格的自闭症儿童总是一副高高在上的样子，以纵向关系处理与他人关系，并向他人不断地索取信息来满足自己。与这类多生长于过度溺爱环境中的自闭症儿童相处应引导其发现并承认自身缺点，引发其自卑情绪，进而协助其克服自卑情绪，发展横向关系。

三、自闭症儿童音乐教育的方法

（一）具体方法

具体方法是在课程中添加的特定工具，目的是帮助学生更好地了解和掌握学习概念，并在课程中保持学习进度。这一工具包括使用视觉体系、课堂中使用清晰的语言交流、理解学生的非语言交流、建设例行（例行是按顺序执行任务）。

1. 视觉

自闭症儿童通常比听觉学习者具有更强的视觉能力，并且对视觉信息有极大的需求。

自闭症学生能成功地参与音乐学习是通过视觉辅助工具（如颜色、图片、卡片）。这些简单的视觉工具将在音乐课上极大地帮助自闭症儿童。视觉工具必须符合学生的需求和能力，因为并没有一个视觉工具能够适合每个学生。以下是教师在教学中使用的一些视觉工具。

2. **课堂中使用的交流方法**

（1）非语言交流

无论自闭症儿童是否存在沟通能力受限问题，他们都难以与他人交流。这包括难以理解语言、面部表情和手势之类的非语言信息。有时候，即使是言语能力强的自闭症儿童也可能在社交场合难以维持对话。音乐是一种语言表达的方式。作为一种交流方式，儿童可以参加音乐课堂的活动并不用在意沟通上的问题。音乐提供了节奏、旋律、音色和表情的组合，这对没有语言能力的孩子有非常大的帮助。社交互动是通过面部表情、手势和动作创建的。为了让他们理解这些元素，音乐教师需要提供正确的帮助。音乐教师也必须能够观察非语言行为，以指导学生的学习过程。

对于沟通能力受限的学生，音乐教师可以多关注孩子的注意力。儿童通常通过非语言交流的方式表达他们的需求，但不一定将其注意力转移到其他人身上。自闭症儿童也可能通过眼睛注视来表达他们的兴趣，如果教师能够理解他们，将会引起共享式注意力。

例如：当教师问学生要演奏什么乐器时，发现学生并没有语言交流的能力，于是教师在学生面前摆放了两种乐器供他们选择，然后他们选择了自己想要的乐器。这也是一种交流方式，通过建立学生与教师之间的互动可以加强共享式注意力，这也帮助教师了解学生所偏爱的音乐活动。有些学生通过点头、前倾、笑容来表达他们对音乐的兴趣。

因此，随着孩子们对音乐学习的深入，他们将慢慢能够容忍他人，并在他们身边存在并保持互动，教师可以利用共享式注意力来促进自闭症儿童制作音乐并建立成功的交流。教师可以通过以下几种方式来更好地了解如何与沟通能力受限的学生交流。

教师以肢体语言来激发学生进行音乐活动，如：面部表情、凝视、动作、姿势和声音变化。

教师通过学生的行为来判断学生对课程的回应。通过观察学生的非语言反馈，教师能够设计有趣的音乐活动。

音乐活动的节奏应该依据学生的情况而定，教师不应该急于求进。

共享式注意力是语言发展的一部分。不幸的是，因为自闭症儿童对周围的物体和人不感兴趣，所以他们不知道面目表情是一种交流方式。因此，教师可以通过音乐活动来激发学生的兴趣并努力地吸引学生的注意力。

（2）模仿言语

模仿言语也属于一种非语言交流，用于描述孩子重复或模仿别人说的任何话。例如，如果问孩子"您要饼干吗？"，孩子可能会重复"饼干"而不是回答"是"。模仿言语发生在至少85%自闭症儿童的语音表达中，有两种类型的模仿言语：即刻的和延迟的。即刻的模仿言语是指孩子直接模仿他听到的声音，而延迟模仿言语是指重复几天或几周之前听到的声音。美国学者普里赞特反对将模仿言语视为无意义的口头表达，而是将模仿言语当作一种非语言交流方式。

普里赞特还鼓励与自闭症儿童合作的教师观察学生的模仿言语，因为这是自闭症儿童对语言进行表达的一种过程，可以帮助儿童发展通过语音与他人交流的能力。为了让教师更了解学生的模仿言语，普里赞特和杜驰恩的调查中展示了学生如何使用模仿言语来交流。以下是六种模仿言语的方法。

①转乘。学生的语言反应可能伴随着对教师的凝视。例如，在音乐课堂中，教师和学生一起弹钢琴，当学生要教师先弹时他会先说"钢琴"，然后看着教师，让教师理解是轮到教师弹琴。

②陈述式。例如，孩子看到钢琴，指着钢琴说"钢琴"，同时看着教师，好让教师理解他在看钢琴。

③排练。排练的意思是孩子会很小声地表达出他想说的话。例如，学生很小声地重复说"钢琴"，他会一直练习说"钢琴"，直到他可以成功地和教师交流。

④自我调节。自我调节是学生对一些动作自我理解的过程。例如，当学生在绕圈圈时，他会很小声地重复说"圈圈"。

⑤回答：是。例如，当学生想弹钢琴时，他会先说"钢琴"，教师问是不是要弹钢琴，学生会回答"是"。

⑥请求。在这个阶段，学生会想要得到教师的注意。所以，学生会模仿教师的提问接着说出答案。例如，当教师问学生想要什么时，学生会回答"想要什么？钢琴"。

如果教师能够理解学生的模仿言语，这将有助于和自闭症儿童交流。非语言交流是自闭症儿童的交流方式，因此非语言交流是课堂上最重要的交流方式。教师一定要对非语言交流有所把握，并理解学生的手语和模仿语言。虽然学生需要在很熟悉的学习情况下才能发出模仿语言，但是教师应该了解这些非语言以便创造学习过程。

（3）音乐教师适合在课堂上使用的语言

由于自闭症儿童沟通能力受限，因此教师需要在课堂中使用清晰的语言交流。教师要尽可能地通过面部表情和手势进行交流，而不是纯粹依靠语言来传达含义。例如，当教师想让学生弹钢琴时，教师可以只说"钢琴"，或指向钢琴向学生摆出示意性的手势。在很多情况下，学生的注意时间不会很长，因此教师需要在讲话前获得学生的注意，以便使学生意识到教师正在和他交流。这包括唱出学生的名字，或者叫他们的名字。

在语言方面，与自闭症儿童一起合作时，教师应使用具体的语言。以下是非常适合音乐活动中使用的语言方式。

观察学生在做什么：如果学生在弹钢琴，教师可以告诉他们在"弹钢琴"，以便孩子理解他在做什么。

如果学生准备弹钢琴，教师可以向他们介绍此活动，例如，"我们要弹钢琴了"，钢琴课结束时，教师可以和学生说"钢琴课结束了"。

这些是音乐教师可以使用的具体语言，好让学生具体了解他们的学习过程。最后，教师应该使用语音来营造积极的学习环境。在教自闭症儿童时，教师应使用类似于与小孩交流的语言。教师可能还需要使用简短的句子并放慢语速，以便学生更好地理解。

3. 例行

对于自闭症儿童来说，这个世界就像是一个陌生的地方。由于自闭症儿童容易感到焦虑，因此环境的不可预测性让他们觉得恐惧感。对自闭症儿童来说，现实令他们困惑，因为现实包括大量相互作用的事件，如人物、地点、声音和景象等。设定例行、时间、特定路线和礼节都有助于形成生活上的秩序，减少难以忍受的情形发生。尝试使所有事物保持统一，可以减轻一些恐惧感。例行实际上可以帮助自闭症儿童应对日常生活中的抑郁。

众所周知，患有自闭症的孩子和成年人遇到焦虑时会尝试让自己转向自己习惯的例行，以此来安慰自己，使自己保持镇定。所以，在音乐课堂中，教师应该强调例行，以让学生有良好的心理准备上音乐课。以下是一些教师们可以使用的例行。

上课的第一天教师介绍音乐课堂的例行顺序，其中可以包括开始的问候歌曲和结束的告别歌曲。自闭症儿童刚开始会因为不了解常规而出现不适或困扰的现象。如果教师能够观察并克服一些明显的困难并顺利完成课程，孩子就会将整个例程记在心上。第二天，孩子情绪可能变得更稳定，因为他已经知道会发生什么了。

教师一定要使每堂课的课程结构保持相同。例如，以活泼的音乐开始课程，激发学生的兴趣，结束时使用安静的音乐来使他们平静。

如果日程安排有更改，教师应尽量不要在没有通知的情况下更改。例如，在音乐会期间，教师需要提前带学生到音乐厅，拍摄观众的照片以调整好心态；或者教师可以带学生去观看一些音乐会，这样学生就可以了解和体验表演时的感觉。请记住，所有这些行为都需要与孩子的父母协商，以为孩子和父母创造积极且有意义的体验。

使学生适应日常变化的另一种方法就是使用社交故事。社交故事是专为自闭症儿童撰写的短篇小说，小说里的故事可帮助他们理解和适应特定的社交场合。社交故事可以帮助音乐教师与自闭症儿童交流特殊情况以及活动的变化。撰写社交故事，不一定要改变自闭症儿童的行为，而是减轻他理解社会情况时所产生的焦虑。教师经常会在活动前反复讲述社交故事，并向学生询问即将可能发生的事情。以下是汉梅尔和胡里根提出的社交故事，这些社交故事用来帮助自闭症学生准备音乐会。社交故事也有可能使用一些视觉工具来加深学生的理解。

玛丽将到达音乐学校（提供玛丽在学校走进学校的照片）

玛丽走到音乐厅进行排练

玛丽将把她的书包放在长椅上（提供书包的图片）

玛丽会见山姆教师（提供山姆教师的照片）

玛丽拿着她的钢琴谱走到台上

山姆教师将玛丽介绍给听众（提供听众的照片）

玛丽将登上舞台（提供舞台图片）

会有很多人和温暖的灯光

如果需要帮助，山姆教师将在玛丽身边

玛丽开始弹钢琴

观众给玛丽大声鼓掌

玛丽遮住耳朵没关系

山姆教师和玛丽将离开舞台

玛丽可以和父母一起坐

教师应该学习如何向学生介绍例行以帮助学生完成音乐中的任务、改变会对自闭症儿童造成创伤的行为。教师尽可能提前通过图片和学生理解的其他交流方式为学生做好应对变化的准备。

（二）应变方法

应变方法包括在课堂中营造轻松的学习环境、在适当的时候对课程进行修改和调整以及制订好的音乐课程计划。

1. 学习环境

笔者认为学习环境主要分两个部分：第一是课堂环境；第二是安全学习环境。课堂环境专注于学生的基本学习需求和课堂里应该拥有的基本东西。安全学习环境是教师根据学生的症状、反应和敏感度来找到一个安全的学习环境。

（1）课堂环境

由于自闭症儿童的社交、沟通和行为能力受限，课堂环境必须提供基本需求。这些需求能够帮助学生有一个适合他们的学习环境，如座位安排，教师应考虑让学生坐得离干扰因素（一些妨碍自闭症儿童专注于课堂的事情）远一点；座位安排需要保持全年不变；对于不能安静坐着的孩子，在整个房间配两把椅子；每次活动都让学生有自己的流动空间。

（2）安全学习环境

教师应通过观察学生对音乐的反应来了解哪个学生对某些刺激比较敏感，再根据分析结果调整教学环境。

对于听觉过度敏感的学生，教师可以安排一个安静的地方让他们放松，例如，通过减少公共区域的噪声和关闭通向走廊的教室门，将学习环境中的噪声降至最低。一些校铃发出的声音的响度和尖锐度会打扰患有自闭症的孩子。教师需要观察孩子对校铃做出的反应，如果这种声音导致反应过度活跃，则需要将孩子放在学校相对安静的地方。教师也应该对一些乐器和曲目选择有所判断，例如，如果学生对金属乐器的声音敏感，教师就应该减少使用这种乐器；如果播放录制的音乐让学生变得不高兴，教师则需要只播放小片段的音乐给学生听。当自闭症儿童的感官超载，他们便不能区分音乐的声音和周围的声音，此时教师应该更注意周围发出的声音，如人与人说话的声音、纸发出的"沙沙"声等。

自闭症儿童会因荧光灯的眩光而分心。大约一半的自闭症儿童对荧光灯严重敏感。实际上，使用荧光灯会增加自闭症儿童的重复行为，这可能归因于对荧光灯的超敏性。研究也指出，荧光灯增加了自闭症儿童的重复行为的频率。所以最好的办法就是使用自然光。但是自然光也存在一些问题，窗户可能会分散注意力，因为学生会倾向于去看室外而不是专注于课堂活动。自闭症儿童也受到其他视觉干扰，如装满书的书架、墙面展示架、吊在天花板上的物体、电脑屏幕等。解决办法是，减少角落的混乱，把架子上的门关好，不使用电脑时关掉电脑，处理不需要的盒子、家具或其他占用空间的材料，减少教室中的东西。通过仔细观察，教师将能够调整视觉环境，以满足音乐课上拥有敏感视觉的学生的需求。

例如，教师可以使用大量的视觉辅助工具进行教学，如图片、玩具、卡片等；教师可以考虑将辅助工具整理成盒子，而不是将所有视觉辅助工具放在桌子上。简化视觉环境是为自闭症儿童创造舒适环境的第一步。如果音乐课是小组课，一定安排特定座位：将桌子、椅子、工具和垫子放在同一位置，最好把名字贴在每个学生的座位上，以营造一种归属感。

2. 音乐课程计划

对于教自闭症儿童的教师来说，他们需要根据不同学习者的需求来调整课程。调整课程意味着教师需要在所教的内容、所使用的教学方法方面做出改变。根据达罗的说法，调整课程不会改变作业的性质或学生发展的技能，相反，课程调整是帮助学生完成任务并取得一定成果的支柱。教师需要定期审查课程调整的结果，以确保其有效性，并允许教师在需要时对学生进行实际调整。对于自闭症儿童，修改课程的目的是满足这些儿童的个人需求，提供支持，以最大限度地发展学生的个人能力。

制订课程计划的第一步是获取学生的背景信息。教师可以通过与和学生熟悉的人（如父母、教师或治疗师）交谈来获得学生对音乐的兴趣等方面的信息。教师也能通过观察学生的行为并和学生本人交谈来获得信息。为了制订学生的个人课程计划和找出最佳的课程材料，教师必须了解学生的背景信息。以下九个层面可以帮助教师更好地了解学生。

（1）找出学生所喜爱的事物

教师有必要知道孩子是否有特殊兴趣。通过了解他们的兴趣，教师能够激发学生对音乐的兴趣。

（2）找出学生所反感的事物

了解学生不喜欢什么可以帮助教师为学生创造一个积极的学习环境。例如，知道学生不喜欢的东西或特殊声音后，教师可以避免或减少使用以避免影响到学生的情绪。

（3）教师必须了解在什么情况下学生开始有共享式注意力

例如，学生是否喜欢某些特别的事物或活动来促进共享式注意力。

（4）观察学生对语言的反应

如果学生的语言能力受限，教师需要有不同的学习计划，如使用视觉辅助工具和具体对象。

（5）观察学生的语言能力

例如，语言能力受限的学生可能在唱歌方面遇到困难。

（6）观察学生的重复性的行为问题

开展音乐活动时，教师应评估并观察学生的行为，并判断该行为是他们的重复动作，还是与音乐活动有关。

例如，诸如晃手之类的行为表明学生对课程活动不知所措。因此，教师需要仔细分析学生的重复行为，以充分地理解他们。

（7）观察学生有没有表现出导致自残的行为

对于教师来说，评估这种行为很重要，这样教师就可以在行为升级之前进行干预。一旦学生有这种行为，教师可以调整课程，以避免出现更严重的问题。

例如，如果一个学生在不知所措时倾向于跳来跳去，他可能会跑到离他最近的墙壁撞头。了解学生行为的教师会知道何时进行干预以阻止这种情况的发生。

（8）观察学生对音乐的元素的反应

教师需要了解学生对音乐的四个元素中的哪一个有最大的反应。这些元素包括歌曲与唱歌、拍子与节奏、音乐速度和音乐力度。

例如，如果学生喜欢音乐的节奏，教师则可以尝试通过运动来强化他们的音乐体验。

（9）观察学生对音乐的喜好

这是为了判断音乐课的成功程度。

相信教师对孩子的问题有了更多的了解，对课程调整也更有把握。

（三）心态方法

心态方法包括与学生家长建立良好的关系，向其他教育者、治疗师和其他专业团队学习，保持积极心态。

1. 与学生家长建立良好的关系

如果音乐教师觉得自闭症儿童的父母很难接近，这都是很正常的。因为在音乐课上，教师通常每周只会见到自闭症儿童的父母一次，而特殊教育教师则几乎每天有机会和家长见面。因此，音乐教师没有足够的时间与家长建立良好的关系。但是教师与学生家长保持良好的关系又至关重要。没有人会比父母花更多的时间陪伴自闭症儿童。

在与父母的良好沟通中，教师应该注意不要提问一些敏感的问题，如直接询问父母他们的孩子是否患有自闭症。在不确定孩子的病情之前这样的提问会让父母觉得自己的孩子被歧视，从而产生反感情绪。如果可能的话，教师应该尝试和家长谈谈学生在课堂上的积极表现。简单地打电话给父母，告诉他们一个积极的故事，会让父母在与音乐教师交谈时感到自在。家长与音乐教师交流需要一些时间，教师应该耐心等待并尝试与家长建立联系。

教师应该把家长看作教育孩子的专家，他们有一定的方法对待孩子，并会提供一些想法来帮助教师更好地教学。

教师必须记住的一件事是，不要以为自己比父母更了解孩子，仅仅接受过训练并不意味着我们充分了解学生。应始终保持开放的心态，并尝试与父母合作。

2. 向其他教育者、治疗师和其他专业团队学习

音乐教师应该拥有开明的见解，愿意向其他人学习，以获得更好的教学方法来应对自闭症儿童。音乐教师应该了解，学校中的每一位专业教师都会有一套自己的方法；每一位治疗师对学生都有自己的了解，并愿意与音乐教师分享他们的方法。音乐教师应该了解每位教育者、治疗师的专业领域。建议音乐教师多与专家建立团队关系，从而获取共享信息和方法。

音乐教师首先应该联系的是负责学生的学校教师。因为学校教师拥有与学生情况有关的文件，并且每天都会见到该学生，所以他对如何教育学生会有更多的想法。

音乐教师还可以找孩子的治疗师，以获取他们如何与自闭症孩子一起工作的信息。

以下是治疗师与音乐教育者之间的联系：

言语治疗师：通过了解言语治疗的进展，音乐教师将了解学生平时所使用的语言，包括接受性或是表达性的语言。音乐教师还可以在语音治疗课中了解到辅音和音素的使用。

物理治疗师：物理治疗师可以发展自闭症儿童的运动技能。通过了解学生在进行物理治疗时进行的各种活动，音乐教师可以将其应用到学生身上，包括在弹钢琴时建立良好坐姿，或者改善手部协调性的活动等。

职业治疗师：职业治疗可以帮助自闭症儿童找到适合自己的工作模式，并充分利用自己的需求、能力和兴趣，完成自闭症儿童的日常工作。音乐教师可以利用职业治疗师所推荐的活动为学生建立音乐教室的例行。

艺术和音乐治疗师：艺术和音乐治疗师帮助自闭症儿童提高沟通、社交等方面的能力。

行为治疗师：行为治疗师试图加强正面的行为并减少不良行为。通过了解孩子们的行为，音乐教师将知道自己在问题出现之前、之时、之后可以做什么。

每个过程都是不容易的。在针对自闭症儿童的音乐课上，音乐教师不可能一直把自己教普通学生的教育方法强加在自闭症儿童身上。因此，通过和其他教师或治疗师沟通，音乐教师可能会受到更多启发。

另外，如果课堂是在音乐学校，音乐教师可以和其他的教师一起讨论教学材料和方法，通过讨论，音乐教师能够理解不同学生的特点以准备好不同的教学方案。

3. 保持积极心态

为了更好地为自闭症儿童教学做准备，音乐教师应该教自闭症儿童总是保持积极的心态。教师需要了解所有学生都是独一无二的，他们以不同的速度和方式学习，最终也会有不同的成果，教师应该理解并接受这一点。

音乐教师应该了解自己学生的优点、缺点，从而满足他们的个人需求并帮助他们成长。

不要认为每个人都容易相处。即使与学生的父母、治疗师或其他教师一起工作，也可能需要时间建立关系并让他们能够与自己分享事物。

音乐教师需要了解自己的方法并不适用于所有学生，需要适时对教学方法进行调整和修改。

四、自闭症儿童音乐教育的策略

自闭症儿童音乐教育策略主要包括：音乐教学行为辅助策略、教学目标设计策略、合作式教学策略。

（一）音乐教学行为辅助策略

个体心理学认为，个体的一切行为总为潜在的动机所支配，为了激发个体的学习动机，需要使用一定的策略。在日常教学中，对于自闭症儿童一般使用课堂强化策略，其中课堂外部强化主要包括强化物激发、赞美激励以及积极的课堂气氛激励；内在起因的强化主要包括激发兴趣以及满足与发展学生的合理需要等。

在辅助教学中强化物的使用应符合以下原则。

第一，强化物应具有强化功能。在干预前需要确定强化物是否对其具有强化功能，为此应该不断进行评估：孩子得到强化物是否兴奋；在进行自由选择时，孩子是否选择强化物。

第二，强化应跟随目标行为。只有在目标行为出现时才能得到强化物，轻易得到强化物会降低强化物的功效。

第三，应提供各种强化物，避免学生对强化物感到厌倦；采用各种强化物能保持强化物的新颖性，使其更加有效。

第四，随着时间的推移，应该逐渐减少强化。采用密集强化物的时间间隔越长，减少强化就越困难。开始减少强化时，如果学生出现问题，就要暂时增加强化的次数。同样，如果在减少强化次数的同时又提高了要求，就要提供效果更好的强化物，否则很可能出现倒退。

第五，不能把奖品用作贿赂。不能让孩子习惯事先知道会得到什么强化物，在出现破坏性行为时，不能提醒他说如果终止破坏性行为就能得到强化物，也不能威胁，如果不终止破坏性行为，就会失去"强化物"。

例如，在自闭症音乐教学集体课中，根据音乐教学行为辅助策略以及强化法则，课前应准备相应强化物，比如水果、果汁、饼干、糖块、贴纸等，教师在奖励恰当行为或者演唱正确者时让其自主选择喜欢的强化物并做记录；随着课程次数的累积，受教者的强化物也需要进一步开发，确保总有与其对应的强化物并找到最强强化物；为了避免使强化成为贿赂行为，在音乐课堂中强化次数应逐步减少，可以通过增加歌曲或律动难度以及口头表扬的形式减少强化次数。

（二）教学目标设计策略

在日常教学中，目标设计策略主要指通过设计教学而实现掌握知识的目标的策略。但在基于个体心理学的自闭症儿童音乐教学中，教学目标则分为：自卑与超越目标、音乐技能目标以及能力发展目标。

1. 自卑与超越目标

个体心理学认为，自卑是人类社会进步的源动力。而自闭症儿童多患有比较严重的自卑情结，即在无法自我满足以及面对他人冒犯无能为力时表现出自我刺激以及破坏性行为。

因先天的认知、语言以及社交障碍，自闭症儿童无法通过自身恰当行为表达自我需求，所以自闭症儿童的音乐教学应着重确定和开发自闭症儿童的自卑心理，发展社会兴趣，引导自卑行为朝着对他人及社会有利的一面发展，协助其实现自我超越，从而改善生活。

2. 音乐技能目标

个体心理学视域下，自闭症儿童在音乐教学中音乐技能的获得是后续课程效果的保证。前文提出矫正和补偿原则，这并不意味着实现音乐技能目标不重要，只是自闭症儿童的技能学习存在周期的时限性，学得慢且忘得快。针对此类问题，应善用自卑心理结合强化物激发自闭症儿童的学习动机，发展其社会兴趣，使其从被动到主动，完成音乐技能目标。

3. 能力发展目标

能力发展目标主要分为：改善刻板行为、发展社交能力。自闭症的核心是社交能力缺失，认知、语言障碍以及重复刻板行为。所以，能力发展目标的实现关键在于其社交能力的提升。

在歌曲的选择上，音乐技能与能力发展教学目标决定着歌曲的旋律、节奏必须是简单且上口的，歌词内容必须是贴近并服务于生活和学习的；在学习动机上，自卑与超越目标则主要起到引发学生主动参与到课程学习中的作用。

比如，在教学过程中，可以为引导目标提前准备好相应的强化物，故意叫其他学生回答问题并奖励目标强化物，使其产生自卑，再使用强化物和语言鼓励引导目标实现自我超越，主动参与到学习过程中，从而保证音乐技能与能力发展目标更好的实现。

（三）合作式教学策略

个体心理学把个体是否具有合作精神看作是否需要心理干预的前提条件，把合作教育视为发展受教者社会兴趣的主要手段。在自闭症儿童的教学过程中可以引入教师和受教者、同学与同学之间相互合作与竞争的环节，合作中发展社会兴趣，带动其认知、语言及社交能力的发展；在竞争过程中引发受教者的自卑感，使其发现自身存在的不足，使之产生追求卓越的动机，完成更多的生成性教学目标。

第四章 视觉障碍儿童的音乐教育

视觉是人类最重要的一种感觉。它主要由光刺激作用于人眼产生。对于正常人来说，从外界所获得的信息中，80%来自视觉。由于视觉缺陷，视觉障碍儿童在心理上和正常儿童不同。本章分为视觉障碍儿童的身心特征、视觉障碍儿童音乐教育现状、音乐教育对视觉障碍儿童的教育价值、视觉障碍儿童音乐教育的方法与策略四部分。主要内容包括正常儿童与视觉障碍儿童的界定，视觉障碍儿童生理、心理特征分析，视觉障碍儿童的感知行为等方面。

第一节 视觉障碍儿童的身心特征

一、视觉障碍儿童的界定

（一）儿童

我国法律对儿童进行了界定：年龄不满一岁的为婴儿，一到六岁的为幼儿，六岁以上但不满十四岁的为儿童。

在儿童心理学的研究中，通常认为从出生到十七岁或十八岁的都属于儿童，按照儿童的心理发展特征可以把儿童划分为乳儿期（出生至1岁）、婴儿期（1～3岁）、学龄前期或者幼儿期（12～15岁）、学龄晚期或青年期（15～18岁）四个阶段。

（二）视觉障碍儿童

视觉障碍简称视障，是指儿童因为视力差和视野受损，以至于无法达到正常的视力，从而影响到他们的正常生活。

全盲、低视力、色盲和环境造成的暂时性视觉障碍都属于视觉障碍的范围。

1. 全盲

全盲是指人完全丧失光感。一些视障者有剩余视力,对光、色彩等仍有感知。盲人如果从出生就失去了视力功能,眼睛什么都看不见,不知道什么是黑暗;有剩余视力的人,有的只是看到较大的模糊的部分,有的可以清楚地看到一小点,也有的可以识别较大块的颜色。

2. 低视力

矫正的视力仍存在缺陷,表现为裸眼的视力未达到 0.3。现实生活中一些人视力差,存在高度近视、视力模糊、视角有限等情况。

3. 色盲

色盲指不能从混合并列的颜色中辨别出一些颜色,其中红绿色盲是生活中最为常见的一种,其次是黄蓝色盲。

4. 环境造成的暂时性视觉障碍

这种环境造成的短暂性的视觉障碍一般都出现在特殊情况下,如在周围都是烟雾的情况下,人的视力范围变窄而对事物不可见;又如人进入一间黑暗的房间或者在太阳的直射下,视觉信号都会出现短暂的不可见情况。

二、视觉障碍儿童的身心特征

(一)身体特征

视觉障碍不仅仅是视觉功能上的障碍,也是人身体上的一种缺陷。因视觉受到损伤而不能达到正常视力,不等于全盲,有些视觉障碍儿童虽然视力不如正常儿童,但他们也是有一定视力的,因此他们可能会对高强度的光线和纯度高的东西比较敏感。由于视觉障碍儿童本身的视力缺陷,他们在探索新事物与新环境方面远低于同龄的正常儿童,在没有视觉表现的情况下,视觉障碍儿童的触觉与听觉会对其视觉进行弥补,尤其是触觉,通过较长时间的培养,视觉障碍儿童的触觉普遍高于正常儿童,触觉敏感度集中体现在指尖、手掌等位置。

一般情况下,普通儿童运动能力在其婴幼儿时期就能得到迅速发展,但视觉障碍儿童由于视力受限,识别能力较差,他们动作发育受到限制,跟普通儿童运动能力相比会差一些,特别是先天全盲的儿童在早期由于视觉缺陷运动能力发展迟缓,他们为了让自己的身体处于自己感到安全的环境中,会长时间地不移动身体而停留在一个地方。尤其是他们四肢的协调能力、走路的连贯性都得不到正常的发展。通过观察,我们经常会在视觉障碍儿童身上看到一种所谓的"失明状态",即他们会经常捏眼睛、揉搓眼睛、摆动身体、摆弄手指以及会格外注意有亮光的地方等。

不仅如此,视觉障碍儿童的体格发育也会受到影响。在儿童阶段,无论是四肢、体重还是大脑都在迅速发育,这是他们身体快速发育的阶段,在此期间,人体的各项指标都渐渐达到顶峰,各个系统的生理功能开始发育。视觉障碍儿童由于视力原因,经常待在熟悉的地方,运动能力发展迟缓,这样可能会影响他们的身体发育。研究显示,正常儿童的发育,如身高和体重一般都优于视觉障碍儿童。

视觉障碍儿童对周围环境信息主要通过身体感官获取,主要是触觉、听觉、嗅觉等主要器官,为了向外界传递自己的主观意识,视障人士会将这些感觉器官综合运用起来与外界进行交流,以此取代自己缺失的视觉。视觉障碍儿童使用手机时,主要是依靠语音提示来接收信息内容,之后根据语音提示辅助自己来操作手机。

(二)心理特征

通过对视觉障碍儿童生理特征的分析可知,他们对世界充满了好奇心和向往,但与此同时又容易情绪激动,产生一定的恐惧感,因此他们经常会表现出情绪低落、自卑、焦虑、反复无常等特征,伴有独立性差、缺乏坚定意志、自我控制能力较差等问题。

特别是当家庭给他们提供过多的环境保护时,他们与人交流的范围较小,很少与别人沟通与互动,往往都是家人安排好身边事物,视觉障碍儿童被动接受安排,这种情况会让他们产生强烈的依赖性,使他们形成封闭、排他等心理,对视觉障碍儿童的生理和心理健康发展产生一定的影响。但视觉障碍儿童思想上想和普通儿童一样正常生活,不希望被身边以及社会上的人区别对待。家长的教育方式与沟通交流的方法是直接影响儿童个性和与人交流沟通的能力的,所以,家庭是儿童人格和社交方式的培养空间。

因此,视觉障碍儿童产品的设计应该更加关注他们的心理感受,重视情感体验,减少对其视障缺陷的关注,使他们能够根据自己的意愿体验自己的生活。

1. 视觉障碍儿童常见的心理问题

(1)孤独心理

由于缺乏视力,视觉障碍儿童平时不常出门,他们的生活和活动范围很小,朋友较少。因此,随着时间的推移,视觉障碍儿童不可避免地会有孤独感,一些儿童的运动能力、口头表达能力、生活技能较差，并且缺少与他人交流的勇气与能力，这些通常是形成视觉障碍儿童心理孤独特征的最主要因素。随着年龄的增长，孤独感也会增强。

（2）自卑、敏感、多疑的心理

视觉障碍儿童非常在意自己的视力问题，当身边有人无意或有意地说出一些较敏感的词汇，如"看不见""视力有问题"等时，他们情绪常常会波动较大，甚至可能会采取报复的手段，而这正是他们自卑、敏感、多疑心理的体现。

（3）情绪不稳定，烦躁、抱怨和易怒的心理

视力的缺陷导致视觉障碍儿童精神和情绪的不稳定。当视觉障碍儿童在生活中遇到较难解决的问题时，他们首先排除自身原因，觉得不是自身问题，而是家长、教师或他人的问题；并且会反复问自己：为什么自己总会遇到这些事情？为什么发生在自己身上？长期受这种心理的影响，可能会出现过激行为。

2. 心理问题形成的原因分析

（1）家庭的原因

在经济较为落后和健康知识普及不全面的地区，视觉障碍儿童的心理出现问题的概率较大。父母由于生活压力，难以分出更多精力去照顾视觉障碍儿童，视觉障碍儿童仅在家里活动，由于缺少父母的关心与照顾，容易形成孤僻的性格，不想与别人交流，甚至不敢与别人交流。

（2）学习、就业压力原因

视觉障碍儿童在学业方面也经常遇到许多问题。首先，因为受到家庭经济的限制，没有上学的条件；家长没有受过教育，也不了解孩子应不应该上学；家庭信息闭塞，不知道在哪里上学。其次，因为视觉障碍儿童存在视觉缺陷，他们需要在较为特殊的教学环境与条件下学习，如果在学习过程中没有得到适当的帮助，在学习中会遇到很多困难，导致失去学习的信心，甚至会产生厌学的心理。最后，受视力的限制他们能够学习的技能有限，社会为他们提供的工作机会也很少，这点也为他们带来很大的压力。这些无法解决的问题积压在心中会成为心理问题。

（3）其他社会因素的干扰

随着社会的发展，人们及社会越来越重视残疾人，这也是社会进步的标志。但其实在生活中大多数人对于残疾人群的关注仅停留在"同情心"上，并没有给予他们应有的尊重。在这种情况下，视觉障碍儿童会感到自卑、缺乏自信心，从而不敢进入社会，害怕竞争。

（三）行为特征

1. 视觉障碍儿童的行为属性

视障儿童长期生活在黑暗的世界中，虽然能听到外面的声音，但因为视力障碍以及行动上的不便，所以获取外界信息的能力比较差。但绝大多数的视觉障碍儿童是渴望与他人交流、渴望和朋友来分享自己的情感的，所以他们对人际交往有着迫切的需要。

2. 视觉障碍儿童的感知行为

感知觉是人类重要的行为特征，人们通过自身的感官或者是对外界事物的感知，以及对事物信息的整体认知，来整合自身的经验、理解事物的能力以及认知能力等因素。感知行为主要分成两部分：一部分是人体的外部感知系统，其中包含视觉、听觉和触觉等人体的主要感官。感官与外界环境接触后，接收到刺激信号并传递给大脑，从而产生信息感知。另一部分属于人体内部的感知，如使身体内部功能发生改变而产生的感知觉，如平衡觉。

视觉是普通儿童获取信息的主要来源。有研究证明，人们所获得的信息有80%是通过视觉感官获取的。正常儿童判断产品的大小、形态、色彩以及两个物体之间的距离等都是通过视觉观察来进行的。视觉障碍儿童也可以通过声音的大小、音频等因素判断信息，由此可知，听觉也是人体重要的感知器官。触觉在事物的感知中也起着重要作用，无论是正常儿童还是视觉障碍儿童，他们都可以通过触摸物体来感知事物特征，如事物的形状、大小、纹理等特征，以此根据先前的经验在大脑中构成对事物图像的构想。

对于视觉障碍人群来说，他们无法通过视觉获取外部信息，因此他们获取信息需要通过除了视觉以外的其他感官一起感知，然后将信息传递给大脑，通过自身的生活经验以及以往的记忆对各种信息进行处理，从而在自己的脑海里形成认知。触觉和听觉等其他的感官对视觉障碍儿童形成认知起着很重要的作用。比如，在行走时，通过导盲杖对行走路面的敲打来判断是否有障碍物，从而保障自己的安全。

尽管视障人群通过一些辅助工具和除视觉以外的感知行为来完成日常的生活与学习，但仍存在着一些局限。由于视力的缺失，通过听觉来判断事物并不会在脑海中形成清晰的视觉图像，对于物体的形状、大小也没有具体的概念，对事物的触摸也仅局限于小型的事物，如遇到体积较大、形状复杂的事物则很难通过触摸去把握区分，所以通过听觉和触摸在大脑中形成的物体图像与视觉所看到的外部世界仍然会有一定的偏差。图4-1与图4-2为常人与视觉障碍儿童的认知过程。

第四章 视觉障碍儿童的音乐教育

图 4-1 常人的认知过程

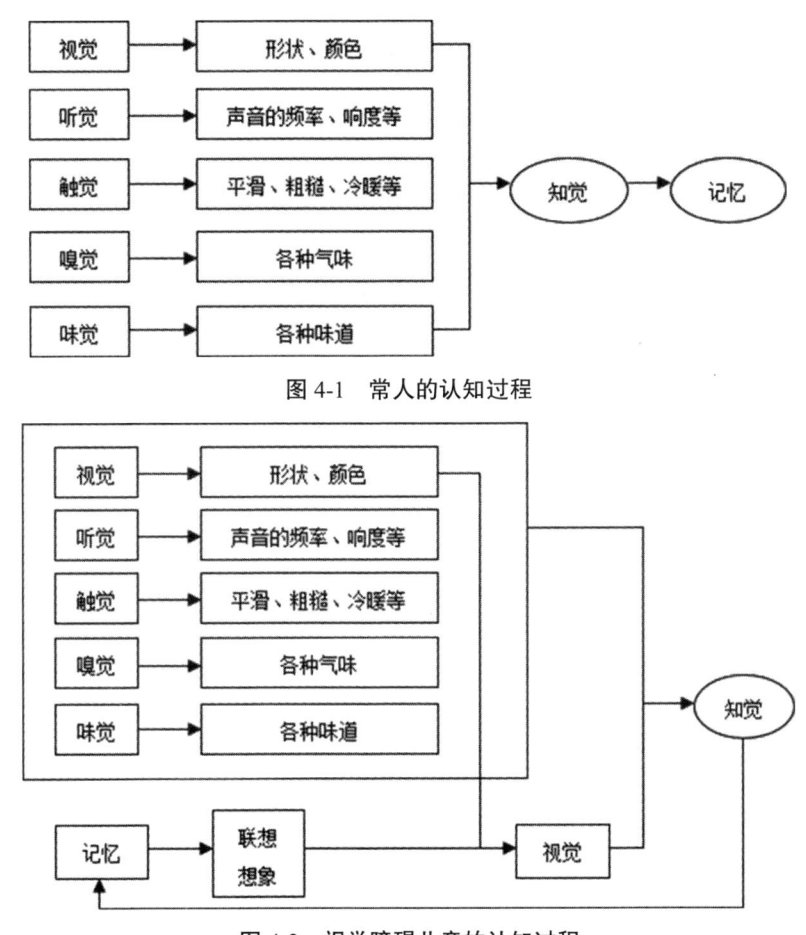

图 4-2 视觉障碍儿童的认知过程

（1）听觉感知行为

声音是由震动产生的，震动声波通过刺激耳膜来使大脑做出反应。声音是视障人群获取信息的重要渠道，它在生活中无处不在。视障人群会通过声音来判断方位，也会通过声音来指导自己的行动。

在视觉障碍儿童的辅助工具中，有一些产品可以通过物体的回声来判断物体之间的距离，这也会给他们提供极大的帮助。视觉障碍儿童也会通过与智能产品语言上的互动来使用它们，不仅为自己提供指导，而且帮助自己有效地规避风险和伤害。在日常生活中，也会有很多给视觉障碍儿童带来困扰的声音，比如产品多余的语音提示会扰乱他们的判断。

视觉障碍儿童对身边的声音特别敏感，他们可以清楚地区分非常微小的声音以及音色，并从中感知到不同的信息。可以利用这一特点，为视障群体提供更高效的服务。例如，可以在交通设计中将语音播报系统安装在交通信号灯处，可以在建筑物的电梯中安装语音播报系统。在生活中，导盲杖使用声音来提示视觉障碍儿童躲避障碍物是一个较为常见的案例，成功的导盲杖设计会为视觉障碍儿童提供语音提示来躲避障碍物，从而使视觉障碍儿童在使用导盲杖的过程中更加舒适、便捷。

（2）视觉感知行为

对于视觉障碍儿童来说，只有患有严重弱视的人才会有视觉感知这一行为。他们具有极弱的视觉和对光源的敏感性，无法感知普通颜色但可以感知高纯度与高对比的色块。所以对视觉障碍儿童产品进行设计时，很多产品都具有高纯度的配色，如黄色盲道的设计，黄色纯度高，区别于周围环境的颜色。

在生活中其实有许多的设计都将这一方面考虑在内，设计的产品不仅能满足视觉障碍儿童的使用需求，而且为普通人的生活也增添了很多便利，比如交通信号灯和标识牌都采用了简单易识别的纯色搭配；很多设计师设计的花样百出的斑马线，都没有白色条纹的斑马线直观清晰。

另外，现在企业的设计也越来越趋于简洁的风格，在他们的标识和户外广告中，多采用纯色和单一的形状，如可口可乐与麦当劳的标识，这些简洁的设计既方便视障群体识别，也方便常人识别，这种设计虽然不针对视障群体，但又能照顾到大多数人群。

（3）味觉与嗅觉感知行为

"嗅觉连接记忆"，通常气味可以激活以往在大脑中存储的嗅觉记忆。味觉与嗅觉虽然是人类的两种有限的感知方法，但其实它们的使用次数不少，比如人每一天都在呼吸，气味可以传播到中枢神经系统而无须经过大脑思考，生活中大多数气味会使人感到放松并拥有良好的体验；但一些味道也会使人产生反感的心理体验。一些特殊的味道也代表着一些特殊的地点和产品，比如闻到消毒水味道，大家会联想到医院；闻到调料时则会联想到厨房和与饭店相关的记忆。但一般在设计中，并不会使用有特殊气味的材料，以免给使用者带来不好的体验，所以在设计的过程中，要慎重选择材料。

（4）触觉感知行为

视觉障碍儿童在生活中最主要还是通过触觉感知周围的物体，并利用听觉和嗅觉来辅助自己进行感知，但与普通儿童相比还是存在着很大的局限性。首先，视觉障碍儿童对事物的感知往往是被动的，缺乏主动触摸事物的行为，因为视力原因，他们对身边事物充满未知，也无法意识到身边事物的出现，所以不会积极地去感知事物。其次，触觉只有通过直接触摸才能形成，所以视觉障碍儿童对一些事物的触摸感知会较为困难。像较大的操场、教室这些视觉障碍儿童无法直接用手触摸感知的场地，就很难在他们脑海中形成图像，还有像远距离的月亮、云等事物，只能通过脑海中的想象来形成自己的记忆图像。视觉障碍儿童在触摸比较大的物体时，会分区域触摸，一部分一部分地触摸从而在脑海中拼接、联想。视觉障碍儿童无法像普通儿童一样直接通过视觉去观察物体的形态，因此他们感知物体花费的时间比普通儿童多得多。

第二节　视觉障碍儿童音乐教育现状

一、视觉障碍儿童音乐教育开展现状

我国自东部沿海至中西部偏远地区，社会经济发展水平存在巨大的差距，而一个地区的教育水平往往与该地区的经济基础成正比例关系。视觉障碍儿童音乐教育同样面临此种差异，经济的巨大反差，使特殊教育的开展也存在很大的差异。

总体上表现为，社会经济发达地区的视觉障碍儿童音乐教育的硬件设施较完善，师资配置和教学水平较高，而中西部欠发达地区视觉障碍儿童音乐教育的理念、教学条件、教学水平等方面比较落后。

（一）特殊教育学校的硬件设施

1. 视觉障碍儿童音乐教学设备相关配置的情况

相较于普通小学，特殊教育学校的音乐教学设备的整体状况是比较好的。学校有音乐教学专用教室，配备各种打击乐器、多媒体教学设备，基本可以保证学校每位音乐教师有一架电子琴。学校备有专业的演出服装，可以为学生进行音乐表演创造良好的条件。

2. 视觉障碍儿童音乐教学书刊配备情况

与较完善的教学设备配置相比，特殊教育学校拥有很少的适合视觉障碍儿童阅读的音乐理论教材、音乐期刊，现有的书刊存在过时、残破的问题，不仅视觉障碍儿童没有养成阅读的习惯，学校的音乐教师在备课过程中也很少花费精力查阅相关书籍，缺乏学习视觉障碍儿童音乐教育理论的机会。

3.视觉障碍儿童音乐教育的科研情况

通过调查得知,被调查的特殊教育学校尚没有成立音乐教研组,自建校以来没有承担过任何区级以上的音乐教育科研活动,但是,在本校范围内进行过小规模的视觉障碍儿童音乐教育探讨和研究。另外,学校缺少与其他学校交流学习的意识,不能为音乐教师创造交流教学经验的机会。

由此可见,目前特殊教育学校视觉障碍儿童音乐教育的科研仍处于初级阶段,相比于普通学校的音乐教育,相比于特殊教育学校其他学科的教育,都存在巨大差距,阻碍了视觉障碍儿童音乐教育的发展步伐。

4.视觉障碍儿童音乐教育对教材的利用

视觉障碍儿童音乐教育需要用盲文课本。但目前国内专门针对视觉障碍儿童音乐教育的盲文教材少之又少。在笔者所调查的特殊教育学校,并没有使用统一的盲文音乐教材,音乐课堂教学的内容是该校教师自行安排的。特殊教育教师根据不同年级视觉障碍儿童的知识水平、音乐基础、喜好程度,进行教学内容的调整,并将平日收集整理的音乐资料、网络音频文件,或者普通学校小学音乐教材中的某些适合视觉障碍儿童的内容借鉴过来,充实了视觉障碍儿童音乐教育。这种情况下,教学水平受到教材内容的影响较大。

(二)特殊教育学校的师资条件

笔者在工作中与其他视觉障碍儿童音乐教师进行了较多的沟通与交流,还对部分视觉障碍儿童音乐教师进行访谈,从而更全面、更真实地了解视觉障碍儿童音乐教育的师资水平。

1.缺少视觉障碍儿童专职音乐教师

调查结果显示,被调查的视觉障碍儿童音乐教师中曾经接受过正规的、全面的特殊教育学习或培训的教师仅占25%。特殊教育学校的音乐教师,大部分是师范或非师范类专科学校的毕业生,在加入特殊教育学校从事视觉障碍儿童音乐教育之前,从未接受过任何视觉障碍儿童音乐教育的相关培训,更多的是在教学工作中不断摸索,"摸着石头过河"。

这种情况下,由于视觉障碍儿童音乐教师缺少足够的理论修养和知识储备,很难提高教学水平,开展教学创新实践。这导致很多的特殊教育音乐教师固守传统的、死板的教学方法和教学模式。这一问题不仅在某一个地区存在,更是全国视觉障碍儿童音乐教育教师普遍存在的问题。

视觉障碍儿童音乐教育作为特殊教育的一个分支,其师资培养是特殊音乐教育开展的基础，师资的落后和不达标阻碍了特殊音乐教育的快速发展。一方面，以培养特殊教育人才为目标的专门师范类学校很少，另一方面，即使有少数的专门学校培养的毕业生，但是由于工作的特殊性，很多优秀的特殊音乐教育的毕业生，也会选择到发达地区从事特殊教育工作。由于贫困地区的经济不发达，对特殊音乐教育的重视度不够，极少有毕业生肯在偏远地区奉献青春。

2. **音乐教师的学习和培训**

根据调查，特殊教育学校视觉障碍儿童音乐教师参加专业培训的机会少之又少。教师提高教学能力主要通过参加本校组织的教育科研活动来实现。而关于偏好的业务培训方式的选择，25%的教师喜欢视觉障碍儿童音乐教育专业讲座，25%的教师喜欢寒暑假或周末举办的短期专业培训班，没有教师愿意接受脱产学习。由此可以看出，视觉障碍儿童音乐教师有接受专业培训、提高自身教学能力的需求，但是与脱产学习相比更喜欢高质量的短期培训。

3. **音乐教师对工作的理解与定位**

在笔者的调查中，有25%的教师几乎完全不了解音乐治疗，50%的教师对音乐治疗只有一些浅显的了解，只有25%的教师表达了自身对音乐治疗比较关注，有学习的意向。这部分特殊教育教师，经常关注音乐治疗的相关话题，主动学习音乐治疗的相关知识，并在日常的视觉障碍儿童音乐教学中予以运用。

而实际上，随着近年来国家对特殊教育的重视，关于音乐治疗、音乐教育的研究进展较快，针对特殊教育的音乐治疗的科研成果日渐丰富。视觉障碍儿童音乐教师应该认识到音乐治疗对于视觉障碍儿童身心发展的重要作用，并将相关的理论及实践经验运用到自己的课堂上，这样必将有利于视觉障碍儿童音乐教育水平的提高。

但较为遗憾的是，大多数视觉障碍儿童音乐教师既缺少学习相关音乐教学知识的主动性和自觉性，也缺乏理论联系实际的能力。基于特殊学校音乐师资的基本现状，需要相关的专业培训的指导，更需要特殊教育管理部门和科研机构的督促，这样才能提高音乐教师的总体能力。

（三）视觉障碍儿童对音乐教育的认可度

1. **视觉障碍儿童学习音乐的兴趣**

在笔者所调查的特殊教育学校教学实践中，音乐课是视觉障碍儿童的必学科目，从一年级至六年级都有开展。同时，音乐课也是绝大多数视觉障碍儿童最喜欢的科目之一。在调查中，68.8%的视觉障碍儿童表示非常喜欢音乐，25%的视觉障碍儿童表示比较喜欢音乐。

2. 多样化的教学方式

调查结果显示，多样化的教学方式是视觉障碍儿童喜欢音乐的重要原因。调查中，53.1%的视觉障碍儿童表示喜欢在课堂上听音乐、唱歌，40.6%的视觉障碍儿童表示喜欢学习演奏乐器，34.4%的视觉障碍儿童表示希望能在音乐课上学习音乐知识，15.6%的视觉障碍儿童表示喜欢学习乐谱、音乐游戏或者音乐表演。

由此可以看出，视觉障碍儿童在音乐教学实践中，一方面希望通过听觉领略音乐之美，另一方面也希望通过演奏、游戏、表演等方式参与到音乐的创造和表现中来，从而在音乐课堂上获得自我肯定和自我成就。

3. 获得精神和心理的成长

当提问"在音乐课上收获了什么？"时，62.5%的视觉障碍儿童表示音乐给予他们的是愉悦、轻松等心理感受，41.5%的视觉障碍儿童表示音乐课让他们的生活更加多姿多彩，25%的视觉障碍儿童表示音乐的魅力使他们的身体感觉更好，只有2%的视觉障碍儿童表示音乐对自己没有明显影响。显然，视觉障碍儿童更希望通过音乐学习获得精神和心理的成长。

4. 加强情绪表达的感知能力

视觉障碍儿童音乐教育的基本方法之一，就是引导视觉障碍儿童在聆听音乐时，用心感受音乐所表达的情绪，从而使视觉障碍儿童对音乐产生最直接的感受。调查中，75%的视觉障碍儿童表示聆听音乐时可以清楚地感受到音乐情绪的表达，无论是高昂的、低沉的、奋进的、婉转的音乐，还是激烈的、悠扬的音乐，都颇受视觉障碍儿童的喜欢。只有9.4%的视觉障碍儿童表示无法感受音乐情绪的表达，自己对音乐缺乏感受力，无法体验到丰富的情感。

5. 视觉障碍儿童的音乐喜好

调查显示，40.6%的视觉障碍儿童表示古典音乐是他们最喜欢的，62.1%的视觉障碍儿童表示流行音乐是他们最喜欢的，31.3%的视觉障碍儿童表示民间音乐是他们最喜欢的，31.3%的视觉障碍儿童更加喜欢摇滚。从这项调查结果可以看出，很多视觉障碍儿童的音乐喜好广泛，同时选择了多种音乐类型。超过60%的视觉障碍儿童喜欢流行音乐，这也从另一个侧面证明了，音乐面前人人平等，视觉障碍儿童与同龄正常儿童一样有鉴赏音乐的诉求和能力。

6. 视觉障碍儿童对音乐表演的渴望

表演，特别是公众场合的表演，可以有效地帮助视觉障碍儿童克服因视力缺陷产生的自卑心理，鼓励他们释放自我表现的勇气，增强他们的自信心和对自我价值的认知。

调查结果显示，43.8%的视觉障碍儿童表示愿意在公众场合表演，34.4%的视觉障碍儿童表示喜欢表演，但是因为害羞只喜欢对自己熟悉的人表演，18.8%的视觉障碍儿童表示不愿意参加任何表演，还有3%的视觉障碍儿童表示表演与否无所谓。这种情况下，教师就需要了解不愿意参加表演和认为表演与否无所谓的视觉障碍儿童的心理状态，然后"对症下药"；而对于那些有表演的欲望，但是因为害羞不敢在公众场合表演的视觉障碍儿童，则要帮助他们克服紧张情绪，鼓励他们树立自信心。

二、视觉障碍儿童音乐教育存在的问题

当前我国的普通教育新课改正如火如荼地进行，但特殊教育发展则相对缓慢，教育部门也缺乏对特殊音乐教育的指导。以下从几个方面入手，分析视觉障碍儿童音乐教育存在的问题。

（一）主管部门缺乏对特殊音乐教育的重视

从相关文献资料和调查中了解到，全国范围内视觉障碍儿童音乐教育并不是停滞不前的，而是在寻求自身的可发展之路。现在，虽然发达地区的特殊儿童音乐教育发展较快，但欠发达地区发展缓慢，这显然是与新时代教育要求不相匹配的。一方面，视觉障碍儿童有接受音乐教育的需求，另一方面，特殊教育学校和视觉障碍儿童音乐教师有改善教学环境、提高教学能力的愿望。但是，就现在的视觉障碍儿童音乐教育的整体状况而言，我国各级教育主管部门对特殊教育特别是视觉障碍儿童音乐教育内容认识不足，关注程度不高。

20世纪80年代末期，当时的国家教育委员会颁布实施《关于发展特殊教育的若干意见》，从特殊教育的教育方针、教育政策、教学目标、教学任务，以及特殊教育的领导与管理等方面，对特殊教育学校的日常教学与管理给出了具体的指导意见，这是中华人民共和国成立以来第一部指导特殊教育学校工作的法规性文件，见证了我国特殊教育的初级发展。

经过十多年的发展，到20世纪90年代末期，原有的文件已经不能满足特殊教育发展的要求，教育部颁布实施了一份新的关于特殊教育的国家级文件《特殊教育学校暂行规定》。《特殊教育学校暂行规定》在原有《关于发展特殊教育的

若干意见》的基础上进一步完善，对我国的特殊教育事业做了全面系统的规划，相关内容更加具体，更具指导功能，但是仍然没有出台针对特殊教育的专门的教学大纲。

具体到视觉障碍儿童教育的具体开展，目前，国内特殊教育学校主要适用的仍然是1993年国家教委出台的《全日制盲校课程计划（试行）》。经过20多年的发展，《全日制盲校课程计划（试行）》在指导国内各地区视觉障碍儿童教育事业上已表现出诸多不足和漏洞。为弥补这些不足，有些地区已经出台相应的地方性法规或地方性文件。

但是笔者调查的地区，尚没有专门的地方性政策规定，特殊教育学校视觉障碍儿童教育的课程设置依然按照《全日制盲校课程计划（试行）》进行。关于视觉障碍儿童音乐教育的教育经费、教学设备、教学管理等各方面缺乏统一的规范。因此，要提高视觉障碍儿童音乐教育的发展水平，各级教育主管部门首先要给予足够的重视和关注，尽快制定科学的规划，规范管理，统一政策方针指导。

（二）各级政府对视觉障碍儿童音乐教育的资金投入不足

鉴于视觉障碍儿童音乐教育资金投入不足的问题，发达地区表现得不太明显，中西部欠发达地区却表现得尤为明显。在此，仅分析中西部欠发达地区的情况。

目前，国家发展和改革委员会已先行划拨计划资金3500万元，用于河北9所特殊教育学校建设。根据国家要求，新建特殊教育学校中，每所学校国家补助380万元，改建、扩建学校，每所学校国家补助280万元。可以看出，国家层面已经逐渐重视特殊教育事业。

适当地新建或改扩建特殊教育学校，为更多的残障儿童提供了学习的场所，保证了更多的残障儿童有学上，有书读，但是这只是特殊教育事业发展的初级阶段。要提高我国特殊教育事业的发展水平，应当关注残障儿童群体中的个体发展，践行"因材施教"的理念。要实现这一突破，就需要各级政府加大对特殊教育学校硬件投入的同时，关注特殊教育学校师资力量的增强，以及针对不同残障儿童群体的专业教育的发展。但是一个棘手的问题就是——很多特殊教育学校对视觉障碍儿童音乐教育的功能和意义缺乏清醒的认识，对视觉障碍儿童音乐的重要性缺少足够的重视，这导致在特殊音乐教学实践中，音乐教育对视觉障碍儿童能力建设的功能无法体现。通常情况下，特殊教育学校主要依赖于各市民政局、教育局的财政拨款，办学经费拮据。同时由于区域经济发展水平的差异，不同地区的特殊教育学校的实际情况差别巨大。

第四章　视觉障碍儿童的音乐教育

表现在视觉障碍儿童音乐教育方面，很多地区，特别是中西部偏远地区绝大多数特殊教育学校没有专项音乐教育经费，开展音乐教学的相关设备、教辅材料等严重缺乏，教学乐器陈旧老化，盲文音乐书籍长久得不到更新，这些问题都严重影响了教师的教学热情和视觉障碍儿童的学习兴趣。这些问题在笔者调查的特殊教育学校中明显存在。但是问题产生的重要原因是从各级教育主管部门到特殊教育学校管理者，缺少对视觉障碍儿童音乐教育的资金投入。许多特殊教育管理者依旧怀有音乐是副科的传统偏见，甚至部门音乐教师也没有完全认清自身职业的重要意义。

如果说，普通学校里那些同龄正常儿童，面对丰富的课业选择、繁重的学习负担，音乐只作为素质教育的配角，可以被理解和接受。但是，对于特殊教育学校特别是视觉障碍儿童来说，音乐教育必须担当主角，因为只有音乐，才能带领视觉障碍儿童走出黑暗，感受到阳光与温暖，获得勇气和信心。因此，对于各级政府及教育主管部门而言，其既要对视觉障碍儿童音乐教育有足够的重视，又要有充足的资金投入。

（三）视觉障碍儿童音乐教育师资力量有待加强

任何教学活动的开展，师资都是最根本的保障。所以，对于特殊教育学校的音乐教育来说，师资水平直接影响了教学水平和教学效果。特殊音乐教育面对的教育对象的特殊性，对特殊教育学校音乐教师的教学能力和专业化水平提出了更高的要求。

与发达国家相比，目前，我国的特殊教育教师培训机构少且培训条件不优，特殊教育专业毕业生短缺是视觉障碍儿童音乐教育及特殊教育师资薄弱的主要原因。全国设有特殊教育本科专业的高等院校仅有10余所，包括北京师范大学、华东师范大学、华中师范大学、华南师范大学等。

上海特殊教育学校音乐课堂的调查结果显示，每一所特殊教育学校都有专业的音乐教师，几乎每一所学校都有音乐课教室。而笔者所调查的特殊教育学校以及中西部地区为数众多的特殊教育学校里，要么没有专职音乐教师，只能由其他专业的教师代替；要么即使有专职音乐教师，但是这些音乐教师为非师范类院校的毕业生或者只是普通音乐专科学校的毕业生。

这些教师的共同特点是对特殊教育的理论了解很少或者完全不了解，对视觉障碍儿童音乐教育的重要性认识不足，不懂得音乐教学法，认为音乐课就是带视觉障碍儿童听听音乐、唱唱歌，教学随意性强，教学方法呆板，音乐课堂沉闷乏味，严重影响视觉障碍儿童学习音乐的兴趣，最终导致视觉障碍儿童音乐教育的水平停滞不前。

（四）音乐治疗的理论和实践水平有待提升

现代音乐治疗理念在20世纪40年代兴起于美国，20世纪70年代引入亚洲。美国布鲁西亚教授将音乐治疗定义为一个系统的干预过程，在干预期间，音乐治疗师运用多种形式给予被治疗者音乐体验，最终使被治疗者重获身心健康。

在调查采访过程中发现，少数视觉障碍儿童音乐教师对音乐治疗有所了解，但具体到如何把握音乐治疗的核心思想、音乐治疗究竟对视觉障碍儿童起到什么作用，以及如何将音乐治疗应用在视觉障碍儿童音乐课堂教学中，则一概莫知。

因此，各级政府及教育主管部门要在音乐治疗领域多下功夫，开展关于如何将音乐治疗与视觉障碍儿童音乐课相结合的系列培训或专题讲座。由于音乐治疗传入我国的时间较短，人们对其关注度不高，属于新兴科学，在特殊教育音乐教育的开展中，对其具体实施运用，还具有一定的难度。

在特殊教育领域特别是中西部欠发达地区的特殊教育领域，尚缺乏音乐教育的理念和知识。所以，硬性要求每位视觉障碍儿童音乐教师都要在音乐治疗领域有建树是不现实的，只希望更多的视觉障碍儿童音乐教师可以了解和学习国内外关于音乐治疗的新理念，理论结合实践，在教学中反思、研究，探索特殊院校音乐教学的改进之路，创新科学的视觉障碍儿童音乐教育理念和教学方法，从而推动我们视觉障碍儿童音乐教育事业的发展。

第三节　音乐教育对视觉障碍儿童的教育价值

一、音乐学习对视觉障碍儿童的心理影响

（一）"舞台表现力"与"演奏心理学"对视觉障碍儿童的积极影响

视觉障碍儿童的心理与常规学生略有不同。因此，良好的心理疏导会使学生在学习的过程中更有耐心与责任心。每个视觉障碍儿童都有自己的个性。个性，是指人在各种心理活动中，经常地稳定地表现出来的心理特点。从相关采访与记录中我们了解到，视觉障碍儿童对于音乐的发挥能力在舞台上只有50%~60%，而从对于普通学生的调查与访谈数据中可知，普通学生对于舞

台的渴望度明显高于视觉障碍儿童（为65%～95%），具体因个人心理素质而定。

视觉障碍儿童之所以有发挥不当的原因主要是他们长期生活在黑暗的环境下，需要外界给予爱与支持，他们比普通儿童的心灵更为脆弱，害怕发挥失常而被嘲笑，其实这往往更容易导致发挥失常。与此同时，在教学中，也同样容易面临这一问题。在视觉障碍儿童的教学中，教师更要注重沟通的语气、沟通的方式等问题。这对于教师的教育心理学学科也有一定要求，要求教师对于心理学与心理疏导有良好的认知。

北京医科大学青少年心理卫生状况的调查研究结果表明：在所有的视觉障碍儿童调查者中，有"自卑"这类心理问题的儿童占27%，这也就是说，平均每四个视觉障碍儿童中就有一位存在或大或小的心理问题。他们待在家里时不愿意与人交流，更多的时候将自己关在一个密闭的环境中不愿意与家人或朋友分享自己的生活。在情绪上，有27%的视觉障碍儿童自己行走在街上会有紧张感，有47%的视觉障碍儿童会比较敏感，他们对于他人对自身的看法看得很重。在意志特征方面，具有独立意识的视觉障碍儿童仅有13%。在人际交往的过程中，有23%的儿童只愿意与视觉障碍儿童交朋友而不愿意同正常人成为朋友。

从上面的数据中可以看出，视觉障碍儿童的心理本身存在着很大问题。而音乐作为一门动感性和表现力极强的学科，更应该加强对于视觉障碍儿童的心理疏导。这就要求教师在对视觉障碍儿童的教学中有良好的疏导和教育，让他们在对音乐有更好的认知的同时将音乐作为一种语言去和这个世界沟通，真正玩好音乐，乐在其中。

演奏心理学主要是指一个好的演奏者在演奏之前一定会先把所想要演奏的作品提前预想出来，而不是一面演奏一面想接下来要弹些什么。这要求演奏者本身对于音乐要有很深入的理解，同时通过冥想等办法将心态调整好，以便于表达作品的情感，而不只是单纯地弹奏音符或旋律。而做好这一项看似容易实则需要强大的内心情感与强烈的欲望。这就要求教师在学生演奏时帮助学生提前做好心理疏导，在真正上台之前带领他们做一些预备工作。比如，每天坐在大教室的三角钢琴前想象下面都是聆听者，先进行冥想后进行演奏；或者将学习实践的小组课放在集中的时段，通过定期汇报展演等方式让学生更好地认识与表达音乐。

良好的心理疏导与心灵沟通可以让学生与教师之间更为贴近，他们不仅仅是师生关系，更是朋友关系。良好的沟通不仅可以减少视觉障碍儿童的心理压力，更有助于他们建立积极向上的心态。

（二）视觉障碍儿童的性格塑造

视觉障碍儿童的性格塑造主要依靠三个方面。

1. 家庭环境

家庭环境对于视觉障碍儿童有着非常重要的意义，家长的态度主要分为四类。

（1）过分保护型

这类家长对于孩子出于怜悯或者爱护不希望孩子过多接触社会，认为可以将他们保护在自己的"保护伞"下。这样的孩子更容易出现自卑心理，不愿意与人接触。

（2）能够正确认识问题

这类家长通常可以正确意识到和面对孩子的问题，及时对他们进行心理疏导，鼓励他们并教会其生存技能，使孩子在生活中乐观地面对困境，及时弥补身体的不足。

（3）逃避现实

有些家长无法接受孩子与其他人有什么不同，无法正视孩子面临的问题，导致对孩子有过高的要求，给视障儿童带来很大的心理负担。

（4）对孩子厌弃

冷淡使孩子从小在一个冰冷的环境下生存，对视觉障碍儿童的心理会造成很大影响。在这种家庭中成长起来的孩子必然会存在自卑、自弃、冷漠、自闭等问题。这与家长的教育有很大影响。这类家长通常认为孩子没有任何生存能力，经常说"他能活一天，我就养他一天"这类的话，久而久之对视觉障碍儿童的性格培养带来消极影响。

2. 学校教育

学校的教育对于视觉障碍儿童性格的培养同样具有重要意义。我国自设立特殊教育学校以来，坚持贯彻落实党的执政方针，对所有学生一视同仁，教育学生能够直面自己的缺陷，在生活中鼓励学生自强不息、自给自足、勤奋学习，乐观积极地面对生活，争取将学生培养成有理想有抱负的社会青年。

3. 社会环境

盲人在整个社会大环境下占少数，因此很多盲人在大环境下都需要适应。虽然我们国家也有专门为盲人开设的盲人路、盲人便利店等，但周遭的大环境依旧需要他们去适应，这对于很多盲人来说就会产生一定的心理压力，同时在小时候无法适应当时的社会大环境。比如在马路上行走，或者过马路时需要看红绿灯，而盲人不可以通过视觉辨别颜色，这对他们来说也是很大的困扰。同时，社会的舆论压力与言语也会对他们的心理素质产生重要的影响。

二、音乐教育对视觉障碍儿童的教育价值

特殊音乐教育与普通音乐教育是大相径庭的，音乐对于普通人而言具有调节身心、带动情绪、发展思维等作用，而对于视觉障碍儿童而言，因其获取信息的渠道较少，音乐是主要的能量来源，故音乐教育对于视觉障碍儿童的启蒙和发展起到了重要的作用。

（一）具有引导人格发展的作用

人格发展作为人的发展中最重要的部分，对人的世界观、价值观和人生观的形成起着至关重要的作用。人格的形成与后天的生长环境和生活氛围有着极大的关系，音乐作为一种艺术语言，其本身所具有的能量是任何文字也无法比拟的。音乐教育通过音乐语言的魅力，能够潜移默化地影响人的身心健康和人格发展，对于视觉障碍儿童而言，音乐教育能够帮助他们正视自己的缺陷，增强自信心，克服自卑心理。

以临沂市特殊教育中心的一个盲教班级为例，这个班级中的 8 名视觉障碍学生中有 3 个是全盲，其余 5 名为低视力儿童，这些学生因为年龄较小普遍受到了所有人的关爱，因而遇到一些小挫折或者解决不了的事情时便会焦躁到哭泣。该班班主任了解情况后组织了一次以"勇敢的心"为主题的班会探讨活动，在班会上通过讲述"三毛""王二小""小萝卜头"等少儿英雄的故事，播放其电影主题插曲，让学生在音乐旋律中感受少儿英雄的壮志凌云，鼓励学生学会自立、坚强。

（二）具有音乐治疗的作用

音乐治疗作为一个综合性的新兴学科，近年来在各大领域发挥着它的作用。音乐治疗对特殊儿童身心发展及心理健康起着重要的调节作用，其不单单局限于对音乐的学习，而是通过声音、律动、乐器等表达形式，鼓励儿童亲自参与到音乐互动中来积极表达自己内心的情感，使心灵得到放松，帮助视觉障碍儿童身心得到更好的发展。

国家教委从 20 世纪 80 年代开始，就已经从思想教育、审美教育以及生理和心理缺陷的补偿角度对视觉障碍儿童音乐教育提出了要求。由于视觉障碍会影响

儿童身体的协调能力，所以要强化他们的协调能力训练，增强他们的协调机能，提升其身体素质。在这过程中音乐的节奏感既可以增强康复训练的效果，又可以缓解训练的枯燥，而且在音符的刺激下，各个器官的功能都会得到调动，听觉和触觉会经过训练变得更加灵敏，实现对视觉障碍的补偿。如在视障音乐课中开展"听音辨向"游戏，在无障碍教室中，教师不断地转变音乐发生方向，使学生一边辨别声音方向一边行走；或在音乐课堂中，将歌曲进行节奏编创，让学生听着快慢不同的音乐进行指令操作，一方面有助于注意力的集中和思维的拓展，另一方面使视障学生平时不太协调的肢体得到锻炼，提升身体素质，实现对视力残疾的代偿，达到音乐治疗的目的。

（三）具有提高鉴赏能力的作用

音乐鉴赏作为视觉障碍儿童感知音乐的重要途径，是视觉障碍儿童学习音乐、感受音乐的良好方式。俗话说：一千个读者之中自会有一千个"哈姆雷特"，当学生在欣赏同一首《大海啊，故乡》的乐曲时，有的学生能够感受到乐曲的激情昂扬和所表现的壮阔的画面，而有的学生只能够听出来乐曲中的高低音，心无波澜。每个人的音乐天分不同，因此每个学生的"乐感"都是不尽相同的，但对于音乐鉴赏能力的培养，除去先天因素外，后天的教育也起着重要的作用。

视障学生在进行音乐鉴赏时因受自身视力制约，可能无法观看影像资料，当教师面对这种情况时，可以采用语言描述或者实景触摸的方式加深学生对于音乐情绪的理解。例如，学习《种太阳》这首童谣时，教师可以带领学生到室外感受阳光的温暖，在草地上进行音乐互动，感受"种太阳"的欢乐，这样可以丰富视觉障碍儿童的情感体验以及听觉和触觉感受，使其培养良好的鉴赏能力，从而提高课堂效果，达到音乐教育的目的。

第四节 视觉障碍儿童音乐教育的方法与策略

一、视觉障碍儿童开展音乐教育的原则

考虑到视觉障碍儿童的特殊情况，对其进行音乐教育，应把握以下四个方面的导向原则，即身心康复原则、寓教于乐原则、审美教育原则、非视性感觉的补偿原则。

(一) 身心康复原则

鉴于视觉障碍儿童视力残损,易产生生理、心理及行为方面的诸多异常状况,故而音乐教育的首要目的,应该是促进视障患儿的身心康复,使他们朝着人格健全、身体健康、举止正常的方向发展。

因此,音乐教育活动的设计与展开,应着重考虑以下方面:是否有利于促进视觉障碍儿童的肢体运动,纠正他们的"盲态",提高其身体协调能力;是否有利于消解其自卑情结,培养其自信心理;是否有助于强化其集体精神与团队合作意识,防止其自闭倾向;是否有助于提高其社交能力,为以后融入主流社会创造有利条件;是否有利于培养其坚强的意志,纠正其软弱或偏执的不良心态;是否有助于培养其独立自主的意识,为以后的学习与生活打下良好的基础;是否有利于培养其对外界、对他人、对世界的感恩心理,化解其自暴自弃、悲观厌世的不良情绪。

以上列举的这几个方面,都是以促进视障患儿的身心康复为目的的。所谓身心康复,并不是说通过音乐教育来促使视觉障碍儿童复明,而是通过音乐教育来减少视觉障碍给儿童带来的二次伤害,使他们视觉之外的身体机能得到恢复,更重要的是使他们的心理恢复健康。这一点,应该是对视觉障碍儿童开展音乐教育的根本的出发点和落脚点。

像石家庄特殊教育学校那样,通过音乐教育"努力使视觉障碍儿童掌握一门技能"的做法,则在很大程度上超出了上面所说的基本原则。这种教育思想着眼于,在完美实现对视觉障碍儿童"雪中送炭"的基础上,进一步来实现"锦上添花",这当然是值得欣喜、值得赞赏的。套用《论语》中的一句话来比拟,就是"弟子入则孝,出则悌,谨而信,泛爱众,而亲仁。行有余力,则以学文"。而石家庄特殊教育学校盲童班"努力使视觉障碍儿童掌握一门技能"的教学理念,就是建立在"行有余力"基础上的。当然,我们不能保证全省乃至全国的特殊教育学校能够这样"行有余力"。在没有余力的情况下,首先要保证的就是通过音乐教育来促进视觉障碍儿童身心康复,努力实现对视觉障碍儿童的"雪中送炭"。

(二) 寓教于乐原则

鉴于视觉障碍儿童往往笼罩于不良情绪的阴霾之下,故而对其开展音乐教育,尤其应注重内容与形式方面的趣味性。通过音乐教育和音乐活动,视觉障儿童真正获得快乐，从而消除不良情绪对他们的困扰，并逐步培养对音乐教育的兴趣，最终走上"音乐教育促进视觉障碍儿童身心发展，身心发展又进一步推动音乐教育"的良性发展轨道。而要达到这一点，使视觉障碍儿童从音乐教育中获得乐趣、培养兴趣就是中间的桥梁。故而，对视觉障碍儿童开展音乐教学，尤其应注重"寓教于乐"的教育原则。

（三）审美教育原则

审美教育原则，是我国当前音乐教育体制在各个阶段、各个环节的音乐教学中都反复强调的教育原则。对于视觉障碍儿童的音乐教学来说，这一原则不但非常适用，而且显得更为重要。这是由于视觉障碍儿童因视力残损而无法感受到这个世界的形象之美，因此使他们通过音乐来感受到声音的旋律之美，来补偿视觉残损造成的形象审美缺憾，就显得尤为重要了。另外，使视觉障碍儿童通过音乐教育感受到自然对万物的养育之恩，体会到正常人群对他们的关爱之情，感受到人间自有真情在，从而在他们幼小的心灵播撒下"真、善、美"的种子，才是音乐教育的终极目的，也是对视觉障碍儿童终极关怀的体现。这样一来，通过音乐的审美教育，就有望培养视觉障碍儿童始终用一颗感恩的心来看待世界、看待自然、看待社会、看待他人，从而引导他们塑造积极健康的世界观、人生观和价值观，使视觉障碍儿童终身受益。

（四）非视性感觉的补偿原则

由于视觉障碍儿童视力残损甚至完全失明，对于外界信息的感受往往要在很大程度上，甚至是完全依赖于其他非视力的感觉，诸如听觉、触觉、嗅觉、味觉等。这就导致视觉障碍儿童的视觉表象储备异常匮乏甚至为零。众所周知，音乐具有抽象性特点，而声乐由于歌词的介入在很大程度上弥补了这种抽象性。但是，视觉障碍儿童在视觉表象储备方面的局限性则在相当大的程度上抵消了声乐的形象优势，使歌曲旋律重新又变得较为抽象，使视觉障碍儿童无法有效地展开想象与联想，难以体会到音乐的美感。

为了克服这个困难，就需要教师来调动视觉障碍儿童的其他感觉表象储备，比如嗅觉带来的对花香的感知表象，触觉带来的对花草形态、性状的感知表象等，在一定程度上弥补视觉表象储备缺失导致的想象力不足，从而在孩子们头脑中为音乐旋律插上想象与联想的翅膀，让他们真正感受到音乐的美。

二、视觉障碍儿童音乐教育的方法

（一）国外教学法的应用

1. **柯达伊教学法**

（1）柯达伊教学法的核心理念

柯达伊教学法的核心理念可以概括为：立足于本民族的音乐文化；以基础音乐教育为根基；实现全民化的音乐教育，使"音乐不能成为少数人独有的财产，而是应该属于每个人"。

（2）柯达伊教学法的体系与分类

柯达伊教学法的体系包括：歌唱教学、首调唱名体系。

①歌唱教学。柯达伊认为歌唱是音乐的起点，只有学会歌唱才能真正地接触音乐。嗓子作为每个人都有的"乐器"更应该被重视。歌唱过程中主要以匈牙利五声调式为主，主要原因是五声调式更简单，容易被孩子们所接受和理解。由于柯达伊自身是匈牙利人，因此他设计的教学方法多适用于匈牙利本土民歌。而我们在应用时也应该按照中国的民歌进行教学。

例如，新疆民歌《娃哈哈》、青海民歌《花儿与少年》、陕北民歌《东方红》、西藏民歌《北京的金山上》都可以作为初接触音乐的孩童的启蒙曲目。柯达伊认为，最好的音乐来源于母语音乐，这是因为语言代表着一个国家的地域特征，我们生活的土地让我们对自己国家的文化更为熟悉，对歌词更有共鸣，一个人不管会说几种语言，母语是唯一的。就像作家一样，大多都会用自己的母语进行创作，就算他们也会使用第二语言进行创作，但是效果一定不如第一语言的创作更加有内涵。而我们的音乐教育同样要从母语开始，因为孩子们在初始的生命中接触最多的就是母语，对母语的印象也最为深刻。

②首调唱名体系。首调唱名体系包括：首调唱名法、柯尔文手势、节奏唱名、字母谱。柯达伊的教学体系用简单而形象的方法代替了传统视唱、练耳、乐理相分离的方法，对专业音乐教育有重要意义。

首调唱名法。首调唱名法就是，无论在哪个调性中，大调的主音都唱 do，小调的主音都唱 la。在五线谱中，固定唱名中七个音的唱名音名是固定的，即不论主音如何变化，音名和唱名没有绝对关系。首调唱名法中每个音都有其固定名字，学生更容易在脑海中建立起音高概念，从而有利于音乐思维的形成。

柯尔文手势。柯尔文手势是专门为了音准训练出的一套手势，柯达伊将他引用过来主要是为了歌唱教学。七个不同的手势代表不同的音高。

节奏和唱名谱。节奏是音乐中的一大要素。因此，学生对于节奏的掌握也是很重要的。音乐的节奏就像人的跑步节奏，全音符代表漫步，二分音符代表散步，四分音符代表竞走，八分音符代表小跑，十六分音符代表速跑。这样生动的比喻可以更加快速地让孩子明白每个音符的时值长短。柯达伊对节奏训练同样也很重视，因此他设计出了一套自己的节奏体系。

（3）柯达伊教学法的常见教学内容

歌唱教学对于视觉障碍儿童音乐教学有很大帮助，这是因为视觉障碍儿童的听觉比普通人更为灵敏，因此我们在初始教学时，可以通过播放民歌来引起视觉障碍儿童的兴趣。另外，视觉障碍儿童多数处于内心封闭的状态，对于音乐其实更容易接受。这也是音乐心理学设立的原因之一。与此同时，歌唱教学还可以运用于视觉障碍儿童的识谱阶段。在初始阶段，视觉障碍儿童可以通过旋律来哼唱谱子。

另外，柯尔文手势对于视觉障碍儿童建立平面化的音高概念有很大帮助，这是因为视觉障碍儿童常年处于一种黑暗的环境下，音高的概念在脑海里很难"立体化"。因此，通过柯尔文手势可以让视觉障碍儿童在脑海中更快地形成"画面立体感"，更好更快地学习音高。

2. 奥尔夫教学法

（1）奥尔夫教学法的核心概念

奥尔夫教学法主要在音乐教学中融入语言、舞蹈和动作。奥尔夫认为"音乐来自动作，动作来自音乐"。在奥尔夫编著的《学校音乐教材》一书中，其主要将民歌、舞蹈、谚语、故事、游戏等作为基础，十分注重儿童在音乐学习中的生活体验。

（2）奥尔夫教学法的体系与分类

奥尔夫教学法的培养方式主要有以下两种。

①节奏感的培养。奥尔夫教学法十分重视节奏的培养，主要通过语言与动作相结合的方式。"回声"演奏就是奥尔夫教学法中比较重要的教学法。具体操作为：教师先打拍子，拍1小节或几小节，学生根据回忆进行模仿，并在此基础上反复。这种方法对于听觉、反应、记忆都有一定的帮助。

②多元文化的融合。奥尔夫教学法在整个音乐文化融合中秉持一种包容的态度，它认为学生学好一门音乐必然要结合自身因素，尊重并理解本民族的文化并与音乐相结合，同时吸收包容各民族文化，并建立人人平等的多元文化观。只有

做到用开放的态度去对待每一个民族的音乐并且不忽视自己本民族的音乐才能拥有良好的音乐体验。

3. 达尔克罗兹教学法

（1）雅克·达尔克罗兹体态律动体系的核心理念

雅克·达尔克罗兹体态律动体系是达尔克罗兹教学体系的核心。"Eurhythmics"是一个源于古希腊的词语，意为"良好的流动"，是指对音乐节奏的理解不仅限于音乐的速度，而且还联系着自己的体感，即通过自身的感受、情绪、身体、动作和意志去体验音乐。这种将听动相结合的方法，能唤起人的音乐本能中的节奏律动并激发学生学习音乐的兴趣，让学生快乐地学习，同时培养学生的节奏感与音乐素养。达尔沃兹教学法认为：学生是学习的主体；教师在教材范围内自主选择音乐素材，同时有选择教材范围外音乐素材的权利；教师兼具伴随者和引导者的双重身份。

（2）达尔克罗兹教学法的体系与分类

①学生之间的多元关系。体态律动多将学生置于一对一、一对多的环境下，使学生多方面合作，发展多元关系。学生个性在群体中有了发展，群体才更加丰富。

②学生的默契度培养。在活动中培养学生对于节奏的统一认知，带领大家一起做律动游戏，有助于学生养成互助的习惯，每个学生在发现与他人有不同时会立即进行自我调整，久而久之可以培养学生对于节奏的统一认识并增加其默契度。

（3）达尔克罗兹教学法的常见教学内容

该教学需要：活动教室；钢琴；小组课；三到五个学生；具有钢琴演奏能力的教师。该教学对于培养学生之间的默契有很大帮助，同时可以帮助学生更好地了解节奏与旋律线条的构成。

4. 铃木教学法

（1）铃木教学法的核心理念

铃木教学法又被为"母语教学法"。铃木教学法对于各种形式的教育都适用，以高效教授儿童小提琴、长笛、钢琴而著称。这种教学法的目的不是培养音乐家，而是希望提供优质的音乐教育，使孩子们可以热爱音乐，从而带给他们更好更积极的人生感受。

（2）铃木教学法的体系与理论

铃木教学法提倡学生应该在很小的时候就有音乐环境，他认为只有高雅的环境才能培育出气质高雅的学生。受到巴赫熏陶的孩子势必也能学习到巴赫的品格。首先，父母要给孩子最好的听觉环境。其次，学生应该更好地选择教师。铃木教学法对教师的要求极高，其认为只有好的教师才能教育出好的学生；认为孩子的天分不是一蹴而就的，需要大量的培养与熏陶。铃木教学法强调反复教育，这里的反复教育不是说一首曲子不断地让学生重复练习，这样会造成学生的厌学情绪。

铃木先生主张用不同的方法表达曲子，这样会使学生更好地理解一首曲子。中国有一句俗语："书读百遍，其意自现"，这句话同样适用于音乐教学，不断地磨合一首曲子可以使学生更加清晰地理解曲子的含义。同时，这也需要家长的配合。家长在教育中起到了很重要的作用，如果家长可以陪孩子一起进步的话，对孩子的学习将有很大帮助。

（二）国内教学法的应用

1. 体验法

体验法，即遵循"非视性感觉的补偿原则"，在音乐教学中引导视觉障碍儿童调动视觉以外的其他感觉，从而获得另类的审美愉悦，增强对音乐学习的兴趣。

比如歌曲《小鸟请到这里来》的教学，就完全可以把音乐课堂搬到鸟语花香的小树林中。在这里，可以让视觉障碍儿童真切地嗅到花朵醉人的芳香，真切地感受到树林中空气的湿润与清新，真切地聆听到鸟儿动人的欢唱，真切地触摸到小草绵绵的柔软……这就等于为视觉障碍儿童设置了独特的情境教学模式，从而使视觉障碍儿童真切地感受到大自然的美好以及保护环境的重要性，激发自己对所生活的这个世界的热爱之情。这对他们理解歌词的内在含义，领会旋律中所蕴含的情感，也是大有裨益的。

同样，对于《我们新疆好地方》的教学，也不妨让视障孩子们品尝几粒优质的新疆葡萄干，享受一下优质哈密瓜的甘甜，从味觉方面来感受到，新疆的确是个好地方。当然，以上所列举的，是如何运用体验法来帮助视觉障碍儿童理解歌曲含义。体验法的另一用途在于帮助视觉障碍儿童掌握音乐表演的基本技法和动作要领。在这个方面主要依靠触觉体验，比如让视觉障碍儿童接触教师的身体来感受正确发声方法下的共鸣状态；让视觉障碍儿童触摸教师的面部，来感受表达歌曲情感时的表情等。

2. 交流法

交流法即音乐教学通过教师与视觉障碍儿童之间的沟通、交流来进行。教师要熟悉视觉障碍儿童的心理特征，选取他们喜闻乐见的话题来进行交流，巧妙地引入音乐教学的主题。这就要求教师在语言的运用上，要把握分寸，拿捏得当。比如在教唱歌曲前，教师应以这样的形式来同视障儿童交流："老师昨天闻了一朵花，好香啊，淡淡的、甜甜的。大家能跟老师讲讲，你们闻到过什么样的花香味儿吗？"视障孩子回答……教师回应："好，大家闻到的花香，跟老师闻到的有的一样，有的不一样，但都是非常美好的味道，让老师好羡慕啊。下面咱们来唱一首歌，这首歌里面也飘着花的香味儿，大家说好不好？"视障孩子回答……于是，开始转入民歌《茉莉花》的教学。从上面这个情境可以看出，教师要同视觉障碍儿童进行有效交流，需要尽可能地把自己置于和他们同等的境遇中，从视障孩子的角度出发，用他们感知世界的方式去描述这个世界，并适当地给予赞美和欣赏，才能使交流式音乐教学法表现出独特的亲和力与吸引力。

3. 联想法

联想法，即在运用交流法与体验法的基础上，采用生动的语言来引导视觉障碍儿童调取自身的非视觉性表象储备，展开各种类型的想象与联想，并将这种非视觉性感知表象尽量转化为视觉形象，从而完成听觉表象—非视觉感知表象—有限视觉形象的转化过程，感受音乐抽象性与形象性互现的独特魅力，从而更好地领悟音乐之美。当然，视觉障碍儿童的想象与联想是带有较大局限性的，难免产生错误的想象。比如有的视觉障碍儿童就会想象云彩是长有"双脚"的，且这样的问题多出现在全盲儿童身上。

这时，仍需教师采用交流的手法，以视觉障碍儿童所习惯的感知方式来予以纠正和引导："老师可不是这样想的。老师摸过棉花，云彩就像棉花一样，很柔、很轻的，蓬松松的。因为它轻，所以飘在我们头顶的天空里，离我们很远。但它并没有脚，而是靠着风吹着它，像棉花一样到处飘。我记得你上次摸过棉花，能跟老师说说你摸到的棉花跟老师刚才所说的一样吗？"

4. 强化法

强化法，也是依据"非视性感觉的补偿原则"提出的。由于视觉障碍儿童几乎完全依靠其他感觉来获知外界信息，而听觉是仅次于视觉的信息来源，故而视觉障碍儿童在生活中非常专注于感受听觉信息。这一点反映到音乐感知方面，就表现为视觉障碍儿童在音乐欣赏与听辨中，因没有视觉信息的干扰而异常专注，因此他们对乐器音色的分辨力、对音乐的复述能力、对音响的来源方位的感知力等各项能力，往往要优于正常儿童。

对此，特殊教育音乐教师应该因势利导，在教学中多安排一些诸如分辨乐器音色、分辨乐队合奏的层次感、在交响乐中分辨乐器所处方位、复述所听到的音乐等有针对性的强化练习来提高视觉障碍儿童在这些方面的能力。这样做，一方面是锻炼了视觉障碍儿童的辨音能力，提高了他们的音乐欣赏能力，培养了他们的特长；另一方面在于，通过这些强化训练，凸显了视觉障碍儿童特有的优势。可以让他们认识到，自己并非一无是处，相反有着自身独特的价值，这对于消解视觉障碍儿童的自卑情结、增强其自信心、培养其乐观向上的精神有极大的建设性作用。

5. 音乐游戏法

音乐游戏法既源自我国传统的"寓教于乐"理念，又吸收了西方奥尔夫教学法及达尔克罗兹音乐教学体系的建设性主张。奥尔夫教学法主张在对儿童进行音乐教育时，应该根据人类要求表达情感的天性，鼓励并引导儿童采用律动的形式，用肢体动作来表达自己的心情和感受。而且，在音乐学习过程中，奥尔夫教学法还非常注重采用击掌、拍腿、跺脚等"人体乐器"来参与音乐创作与学习。这些律动形式与"人体乐器"结合起来，就造就了音乐游戏的雏形。奥尔夫教学法中的音乐游戏，不仅适用于普通儿童，对于视觉障碍儿童更有着非凡的意义：视觉障碍儿童不爱运动而导致身体协调能力差的不足，正好可以通过奥尔夫式的音乐游戏的律动来加以弥补。奥尔夫式的音乐游戏凸显了人体各个部位奇妙的"另类"功能。在教师的语言引导下，这一点足以引发视觉障碍儿童去关注自己的身体，并重新认识身体的价值，认识到除了视力欠缺以外，自己还有其他健康的器官，能够从事有意义的活动，从而引导他们去爱护身体、爱护自己，增强对生活的信心。

可见，奥尔夫式的律动游戏，同前面所说的交流法、体验法、强化法、联想法等音乐教学方法进行有机结合，就能创造出多姿多彩的音乐游戏及音乐活动形式，激发视觉障碍儿童对音乐、对自身、对生活的莫大兴趣，从而为其身心的健康发展提供有力的引导与支撑。故而，所有的特殊教育学校均应为视觉障碍儿童配置奥尔夫乐器，来配合开展多姿多彩的奥尔夫律动式音乐游戏教学。

三、视觉障碍儿童音乐教育的策略

（一）完善体制，提供制度保障

从宏观角度来说，国家应加强各项相关体制建设，为视觉障碍儿童音乐教育的展开提供有效的制度保障。比如：首先，国家应加大对视觉障碍儿童的普查力度，采取强化登记的手段，在每个特定的行政区内建立起有关视觉障碍儿童姓名、性别、年龄、家庭住址、视残等级、教育情况等要素在内的专门数据库，并依照数据库的信息，动员视觉障碍儿童家长将儿童送入特殊教育学校，进行科学的培养与教育，以解决盲校生源不稳定的问题。其次，针对专门视觉障碍儿童学校数量少且分布不均的状况，国家应加大盲校的建设力度，在一些盲校短缺的地区兴办视觉障碍儿童学校，以解决视觉障碍儿童入学难的问题。最后，针对当前特殊教育学校教师从业资格无特殊要求的问题，国家应设置特殊教育教师尤其是音乐教师的准入机制，同时在各师范类院校开设特殊教育专业，培养专门的特教音乐教师。

（二）完善教学设施，强化师资

从特殊教育学校方面来说，应加大对盲部音乐教学在硬件、师资等方面的投入与支持力度。现在比较突出的问题是，盲部音乐教师数量少，而且要兼职聋哑部学生的音乐教学，教师负担过重；且盲部与聋哑部共用乐器、教室等教学资源，且没有专门的音乐教室；另外，盲部音乐教学的多媒体设备奇缺，亦需特殊教育学校加大投入力度，予以采办购置。

（三）开展丰富的多媒体教学

应将多媒体教学设备引入视觉障碍儿童的音乐教学中。很多人认为，视觉障碍儿童眼睛看不见，多媒体教学设备在盲部音乐教学中难以发挥作用，故而视觉障碍儿童只靠听力学习音乐即可。这是一种想当然的论调。视觉障碍儿童分为全盲儿童与弱视儿童两种。其中弱视儿童是具有残余视力的。

故而，在音乐教学中，尤其需要注意引入多媒体设备，制作色彩对比度更为鲜明的动画、图片、视频来对弱视儿童的视觉进行有效刺激，帮助他们辨别各种图像、颜色，从而激活他们残存的视觉表象储备，来更好地将音乐的听像转化为视像，从而插上想象与联想的翅膀，更好地理解音乐之美。而且，弱视儿童完全可以把自己看到的有限视觉形象告诉全盲儿童，帮助全盲儿童来感知音乐，从而在视觉障碍儿童之间营造互相帮助、互相关爱的温暖氛围，这对于视觉障碍儿童的身心发展自然是大有裨益。故而，应将多媒体教学设备引入对视觉障碍儿童的音乐教学中来。

第五章　智力障碍儿童的音乐教育

由于智力障碍儿童较难与外界沟通，音乐作为一种交流和表达情感的手段，能培养智障儿童情感交流和信息传递的能力。智障儿童在音乐活动中也能通过音乐来表达情感。本章分为智力障碍儿童身心特征、音乐教育对智力障碍儿童的影响以及智力障碍儿童音乐教育的方法与策略三部分，主要包括智力障碍儿童心理特征以及智力障碍儿童的音乐教育等内容。

第一节　智力障碍儿童的身心特征

一、智力障碍儿童的身体特征

多数特殊儿童身体情况与正常儿童相比较差，尤其是一些儿童还伴随其他疾病，如心脏病等，这会直接影响儿童的基本行为的训练和正确行为习惯的养成。

智力障碍儿童的感知觉反应速度缓慢，神经冲动传导速度远远落后于正常儿童，因此运动能力也会落后于正常儿童，如姿势控制、移动等粗大动作和抓放等精细动作，在未经干预的情况下，会与正常儿童发展水平有显著差异。

二、智力障碍儿童的心理特征

(一) 认知

智力障碍儿童在认知方面有很大的障碍，主要表现在以下几方面：①他们的感知能力与正常儿童相比较为迟钝，视觉、听觉甚至是触觉都十分不灵敏；②智力障碍儿童的注意力很难集中，很容易被周围事物吸引，注意力的稳定性比较差；③由于注意力的不集中，因此智力障碍儿童的记忆力也相对较差，并且很难进行记忆再现；④智力障碍儿童的思维能力会显得刻板和单一，思维能力也会随着智力障碍的程度产生变化，越是重度障碍的儿童，思维能力越差；⑤智力障碍儿童的语言能力发展缓慢，智力障碍儿童在五六岁的时候也只能达到正常儿童两三岁的语言水平，并且说话会颠三倒四，常常说一些常人听不懂的话。

（二）情绪

智力障碍儿童的情绪反映多多少少也会存在一些问题，主要表现在以下几个方面：①智力障碍儿童的情绪发生比正常儿童晚，而且他们的情绪很简单，只有高兴或者不高兴等简单情绪，并且他们也不能理解笑是高兴，哭是不高兴；②智力障碍儿童的情绪很不稳定，经常会出现上一秒还在大哭，下一秒就笑了的情况，而且很多智力障碍儿童会表现出病态情绪，如整天傻笑、低落抑郁、暴躁易怒等；③智力障碍儿童由于思维不够灵活，很难控制和调节自己的情绪，外在事物也很难影响他们本能的情绪，导致他们无法和正常人一样对一些事情感同身受，也严重影响了他们的社交能力。④智力障碍儿童缺乏高级的情感，他们只能感受到简单的喜怒哀乐。

（三）行为和意志

①智力障碍儿童在学习方面会遇到较大的阻碍。与同龄幼儿相比，智力障碍儿童的智力会比较低，这对其获取知识会造成一定的阻碍。因此教师在培养该部分儿童良好的行为习惯时，需投入更多的精力和时间，逐步引导儿童认识到正确和错误的行为方式，从而建立正确的行为意识。

②意志力普遍较差。意志力是智力障碍儿童在学习期间表现出的重要动力。如果智力障碍儿童在意志力方面比较薄弱，则会非常容易受到外界因素的干扰，出现消极的情绪和行为，甚至会产生安全隐患。

第二节　音乐教育对智力障碍儿童的影响

特殊音乐教育指的是根据特殊人群（视力、听力、智力障碍等）的个体化差异，为教育对象量身打造的一种音乐教育手段，涵盖了音乐教学模式、教学内容、课堂组织等。在解析特殊教育和音乐教育两者的概念时，可以解释为特殊音乐教育是依据特殊人群身心发展的特点，以歌唱、律动及欣赏等手段，通过特定的教材、课程、模式及方法，以满足特殊人群音乐教育需求所涉及的相关教育教学服务。

大量的研究和实践表明，音乐教育对于智力障碍儿童的身心发展有着重要影响。众所周知，音乐对大脑能够产生一定的刺激作用，这种作用在智力障碍儿童身上尤为显著，其能潜移默化地改变智力障碍儿童原有的思想和行为模式，甚至能纠正智力障碍儿童的不良行为习惯，提高他们的生活能力。与此同时，将心理学和神经学融入音乐教育中，用音乐来调节智力障碍儿童的情绪，让他们尽快恢复平静，那么智力障碍儿童回归正常生活的道路也为之不远。

一、音乐对智力障碍儿童的特殊意义

在幼儿教育工作中，音乐教学起着较为重要的作用。音乐教学能够启发幼儿的智力，释放幼儿的天性，培养幼儿的艺术情操及审美情趣。而游戏作为大多数幼儿都无法抗拒的项目，对幼儿有着天然的吸引力。

音乐对于智力障碍儿童来说，是一种不可或缺的娱乐方式。音乐的旋律优美，并且具有节奏，在欣赏音乐的过程中智力障碍儿童可以感受到美，促进他们的情感表达。同时以音乐教育为基础，不仅可以促进智力障碍儿童的大脑发育，还可以激发他们的学习欲望，调动其学习积极性，让他们接触到更多的学习内容，促进智力障碍儿童的全面发展。

音乐概念的学习与儿童音乐能力的培养、音乐潜力的系统化发展息息相关。音乐概念包括音色、力度、节奏、曲调、风格、表现等，涵盖了音乐的各个要素，是感知、表达和欣赏音乐的基础。

近年来，特殊儿童的音乐教育也开始受到社会各界的高度关注，尤其是对视力上存在缺陷的儿童来说，音乐教育为他们打开了一扇窗。虽然这些儿童在身体上存在缺陷，但是他们的思维依然比较敏捷，而且在某些方面的发展甚至超出正常儿童的水平。有调查表明，无论是正常儿童还是身体或智力上存在缺陷的儿童，只要不存在听力缺陷，那么在婴儿生长到4个月之时就能够对周围的声音有所感知，甚至会对一些声音给予一定的反应，通常这种反应来自肢体动作。也就是说，除听觉障碍的儿童外，特殊儿童对音乐的感知能力与正常儿童没有太大差别，只是由于受到某些因素的限制，无法将自己的真实感受通过语言或者文字有效地表达出来。在对存在身体或智力缺陷的儿童进行音乐教育时，教师需要进行特定的教育方法和手段，以帮助他们顺利地学习。事实证明，通过对特殊儿童进行系统化的音乐教育，不仅能消除他们内心的自卑感，使其以积极乐观的态度面对生活，而且能够提升他们对审美的认知水平，促使其形成正确的价值观。

二、智力障碍儿童音乐教育的积极影响

一些智力障碍儿童会因为智力问题受到部分同龄人的嘲笑或是社会的歧视，这对他们的内心会造成很大的伤害，面对这些不友好，他们的情绪会受到很大的影响，从而不利于其身心发展。对智力障碍儿童进行音乐教育，能够陶冶其情操，促进他们与同龄人交流，并且起到一定的辅助治疗作用。

（一）陶冶情操及发展审美能力

音乐教育本身就是一个通过音乐来传授听觉艺术、审美艺术的媒介，它能丰富人们的情感和思想，提高人们对音乐美的感受、创造和鉴赏能力，教会人们认识世界、感受生活、创造生活，促进人的和谐发展。

特殊儿童的音乐教育以审美为核心，旨在培养其健全人格，引导他们学会悦纳自己、享受生活，并在审美能力上有所发展。通过音乐的桥梁，特殊儿童可以感受到自然和生活中的景色和事物，感受到来自这个世界的情感和关爱，感受到生活中的美好和温暖。特殊儿童可以通过音乐来抒发、丰富自己的情感，亦可以憧憬生活。对特殊儿童来说，这也是音乐教育最基本最重要的价值。

（二）提升沟通、交流能力

由于身体上的缺陷，很多特殊儿童都存在自卑感，不敢与外界沟通、交流，终日沉浸在自己的世界中，这很不利于他们日后的发展，对其学习、工作和生活都有很大的影响。音乐是一种超越国界、超越性别和年龄的特殊语言，在人的日常沟通中发挥着重要的"桥梁"作用，对于特殊儿童而言，同样如此。聆听音乐可以使人放松自我、愉悦身心。不管是在音乐课堂中，还是在社会这个大环境里，学习音乐都有助于引导特殊儿童与人或自然和谐地交流，增强其交往的主动性和积极性，在很大程度上改善特殊儿童不善交际的状况。

（三）发挥辅助治疗的作用

音乐有助于开发心智，促进特殊儿童更好地生活，形成良好的审美观。"天生我材必有用"，是金子就会发光，在教学的过程中教师要有极大的耐心和信心。著名的指挥家舟舟是一个重度智力障碍儿童，在教师和父母的帮助下，凭借着对音乐的热爱和坚强的毅力，成为历史上第一位智力障碍指挥家。这是音乐教育对特殊儿童重要作用的最好体现，充分说明了音乐在特殊儿童生理和心理发展中能够起到一定的治疗作用。

总之，特殊儿童的音乐教育是音乐教育的重要组成部分，对儿童的身心健康发展有着非常积极的促进作用。完善的特殊儿童音乐教育机制能有效减少特殊儿童的自卑感、孤独感，对特殊儿童找到自信、融入社会起着重要的作用。

第三节　智力障碍儿童音乐教育的方法与策略

一、智力障碍儿童音乐教育的方法

（一）情感教学法

音乐是一门听觉艺术，聆听音乐会使人获得情感的慰藉。在对智力障碍儿童进行音乐教育时不能给他们施加过多的压力，而是要从他们的能力水平出发，通过他们的肢体语言把握他们的情绪、情感，对其进行适当的引导，教学内容也要简单易学，使他们快速融入音乐的氛围中，学习更多的音乐知识。

（二）激发兴趣法

1. 情境激发兴趣

在游戏教学中，学生是游戏活动的参与者，也是实践者。在游戏情境创设中，要激发智力障碍儿童的兴趣，让学生自觉、自主参与游戏活动。

在智力障碍儿童的音乐教学中必须用新鲜事物引起他们的注意，以此激发智力障碍儿童的学习兴趣。音乐游戏作为一种教学方法在智力障碍儿童的音乐教育中尤为重要。精心设计和新课有关的形式新颖的游戏，能够活跃课堂气氛，使教学达到最佳效果。

2. 律动激发兴趣

律动不仅能在一定程度上激发智力障碍儿童的学习兴趣，也能用动作使他们的注意力不那么容易分散，同时也可相应地对智力障碍儿童做出一些训练。例如，使智力障碍儿童进行肌肉放松和呼吸放松练习，通过肌肉的紧张与松弛来获得节奏的概念；使智力障碍儿童进行节奏记谱练习和即兴创造练习，变换节拍；组织学生进行体态律动的组合表演。

3. 图画激发兴趣

音乐教材中的一些歌曲内容很具美感，如《三只小鸭》《小蜜蜂》等，我们可以结合教材，在教室中布置一些与教材相呼应的图画，让孩子不知不觉走进教材的教学内容中。同时，智力障碍儿童对环境细节的注意程度往往会高于常人，在环境中增加图画，很容易引起他们的注意，以此种方式，可以激发他们的学习兴趣，提升教学效果。

4. 器乐激发兴趣

根据教材的内容，把器乐纳入课堂教学，智力障碍儿童对一些能发出声响的东西会比普通的刻板教具更加感兴趣。音乐教学中，可以适当加入一些器乐，通过器乐的辅助教学激发儿童的学习兴趣，如在唱歌的时候给儿童分发一些沙锤、碰钟、三角铁等配合演唱，增强教学效果；通过乐器的使用也可以让儿童学到一些器乐的演奏方法，提高儿童其他方面的能力。

5. 表演激发兴趣

智力障碍儿童与正常儿童一样活泼好动，并且有着很强的表演欲望，在组织智力障碍儿童进行学习的时候，可以鼓励他们进行表演，使课堂变得丰富且有趣，儿童的学习效果也会更好。同时，教师可以组织一些集体舞的教学，通过舞蹈动作的教学，增强幼儿遵守规则的意识，达到提升素质的教育效果。

每一个智力障碍儿童的特点都大不相同，因此教育方式也会有所差异，作为教师，要做到耐心对待孩子，细心观察孩子，找到适合孩子的最佳方法，使训练取得更好的效果。

（三）整体互动法

为了更好地将游戏化教学形式引入音乐课堂，教师应增强游戏活动的针对性，并且及时指导儿童，使他们能够积极地参与到教学活动中。一旦出现儿童跟不上进度的现象，要及时上前询问儿童，耐心指导儿童。在实际的音乐游戏活动中，为了提升儿童的积极性，教师要多与之交流、互动，同时，教师要引导儿童之间进行互动，促使儿童在合作中感悟音乐的美好。音乐是艺术的一种门类，儿童在音乐游戏中能够得到听觉上的享受。例如，教师可围绕打击乐器为学生设计相应的游戏活动，首先将学生组建成多个小组，然后再为每个小组随机分配打击乐器，并引导儿童聆听打击乐器的声音，诸如沙锤、三角铁、圆棒等。而后，教师可在游戏过程中为儿童讲解一些打击乐器的起源及故事，当儿童熟悉众多打击乐器的音色后，再将每个打击乐器发出的声音比喻为不同的动物，加深儿童对打击乐器音色的记忆。在此过程中，儿童既锻炼了反应能力，又学到了不同的音乐知识。

1. 寓教于乐

爱因斯坦说："兴趣是最好的教师。"趣味性的音乐教学可以营造轻松活泼的课堂氛围，持续地激发学生的学习兴趣，使学习不再成为负担。如欣赏乐曲时，当学生初步熟悉了乐曲旋律，理解了乐曲内容后，教师应趁热打铁，拿出各种直观教具，让学生进行表演，抽象的音乐语言通过形象的表演，渐渐变得看得见、摸得着，变得生动而直观，身临其境的感觉激发了学生极大的参与热情，使其真正体验到了音乐的美妙。

2. 寓教于情景

在音乐教学中，创设具体形象的场景，将音乐融入与教学内容相关的情境中，能激发智力障碍儿童的学习热情，帮助学生理解教材，并对音乐产生共鸣，完成音乐的审美体验。例如，欣赏有关春天的歌曲之前，教师带领学生来到户外亲身领略大自然中的无限春光，聆听林中鸟儿的歌唱，让自然界在学生的头脑中形成表象。教师也可以在教室的门上、窗户上贴满五颜六色盛开的花朵，在墙上挂满翠绿的柳枝及吐出了嫩芽的小草。孩子们一走进课堂，便有了春回大地的感觉，熟悉的场景唤醒了孩子们对春天的记忆。紧接着，多彩的画面、舒缓优美的旋律，引领学生充分理解歌曲的美妙意境，快乐地感受着音乐的无穷魅力。

3. 寓教于表达

智力障碍儿童的音乐教育不仅要强调整体感受，还应注重整体表达。趣味教学可以激发学生的兴趣，吸引智力障碍儿童的注意力，而在音乐教学中适时地引导学生表达情感则可以充分发挥智力障碍儿童健康感官的代偿作用，使其完成力所能及的学习任务，增强克服困难的自信心，消除心理障碍。在欣赏有关大自然的歌曲时，情景渗透早已将学生带进了鸟语花香的大自然，学生真情投入，情绪高涨，心中充满对大自然的喜爱与幻想，这时，教师拿出预先准备好的各种材料，鼓励学生主动参与活动，装扮自己向往的大自然。在流畅的背景音乐中，学生各显神通：节奏感强的学生随着节奏翩翩起舞；喜欢画画的学生在画纸上勾勒出美丽的大草原；擅长剪贴的学生用各种图形拼贴出鲜花、房屋、小动物；就连重度智残学生也能随着歌声哼唱两句。在这一过程中，学生兴奋着、体验着，课堂上一派生机，教学效果直观可见。

智力障碍儿童由于思维和语言能力发展迟缓，其表达能力相对较弱，在整体互动的过程中，教师可以首先进行表达示范，即多进行语言表达，同时也引导儿童进行表达，以提高他们的表达能力。

4. 寓教于情理

音乐中蕴含着丰富的情感,而智力障碍儿童普遍理解能力差,简单地教唱,学生很难记住歌词,结合生动有趣的故事则能有效地开拓智力障碍儿童的思维,帮助学生用心去感受和理解音乐,同时与音乐所表达的情感产生共鸣。在唱歌之前,教师可自编故事,然后让学生进行即兴的表演,在欢快嘹亮的歌声中,同学们的思想感情得到培养。

(四)奥尔夫音乐教学法

为了使智力障碍儿童在学习活动中得到真正意义的补偿教育,德国的奥尔夫音乐教学法也被广泛地应用于特殊儿童音乐教学领域。运用奥尔夫音乐教学法,把全新的教育理念贯穿在音乐教学中,对智力障碍儿童的教育有很大的价值和引导意义。

"音乐是时间的艺术""节奏是音乐的骨架",所有的音乐都是由音符和节奏组成的。音乐的节奏就是一种音符运动,人们对节奏的感觉,实际上就是一种动感。在音乐课堂中,每个学生对音乐节奏的把握也略有差异,所以在进行音乐教学时,节奏学习是至关重要的。奥尔夫教学法能够在结合音乐文化的基础上给予学生新的体验,将奥尔夫音乐教学法引入音乐课堂,对于一些节奏强而且明显的歌曲,教师可以让学生自己敲打节奏,从而提高学生对节奏的把握能力,让学生用正确的方法来学习。

奥尔夫音乐教学法用得最多的就是身势动作,目的是激发每个学生的天性,让学生在课堂上和教师一起参与到音乐活动中,将动作、舞蹈、文字结合起来进行音乐学习。通常情况下,奥尔夫教学法的动作设计较简单,可按照音乐节奏凭着自己的理解跳舞。很多情况下,动作是可以即兴发挥的,或者也可以由学生自己设计动作,编排自己喜欢、跳起来轻松的动作。通过动作在音乐中的应用,整个音乐课堂生动起来,学生获得更多音乐美感的体验。

奥尔夫音乐教育是一个综合性的教育整体。在奥尔夫的音乐课堂中,学生有机会进入丰富的艺术世界,音乐不再仅仅是旋律和节奏,而是与其他艺术相联系的。在实际教学中,将游戏与主题相结合,是一种事半功倍的教学方式。尤其是在低年级的课堂教学中,将奥尔夫音乐教学法与游戏相结合,能够最大限度地激发学生参与课堂的积极性,从而使学生一边玩游戏一边感受音乐。同时,游戏教学也能给学生创造交流、分享、合作的机会,使智力障碍儿童的社会适应能力得到提高。

在智力障碍儿童的音乐教育中,打击乐器可谓是最为常用的辅助教学工具,在节奏训练中发挥着不可小觑的作用,可以提高智力障碍儿童对音乐的理解力和感知力,增强他们的心灵归属感。智力障碍儿童的思想澄澈透明,与打击乐器的特点交相辉映,让智力障碍儿童操作乐器,开展节奏接龙活动,使得教室内充满了欢声笑语,孩子们对音乐也会抱有更高的热情。

(五)多媒体教学法

在传统的音乐课堂教学中,单一的教具很难激发儿童的学习兴趣。利用现代化的多媒体工具,能够丰富教学内容,开阔儿童的视野,促进耳朵、眼睛、嘴巴多种感官同时参与到音乐学习中去,激发他们的想象力。如在演唱《春天在哪里》这首歌曲时,运用多媒体工具播放视频、音频,使儿童观赏春天的美丽景色,听小河流水声和鸟儿的叫声,让儿童能够身临其境地感受大自然的美好,加深对歌曲的理解。

音乐教育对儿童良好性格的养成、自信心的建立、创新思维的发展、毅力的养成以及想象力的培养发挥着很重要的作用。一首优秀的音乐作品、一堂高质量的音乐课,都可以给孩子带来无限的欢乐和遐想,他们会被作品中所描绘的情境感染。音乐教育是以音乐为手段对儿童进行的基本素质教育,音乐教育与其他教育相比,对儿童心理健康的影响在于其内在的感染力。所以,音乐教育最主要的目的就是让音乐真正走进儿童的生活中,让儿童的生活充满音乐,从而全面、健康、和谐地成长。

儿童对音乐的学习和感知能力会随着年龄的增长而不断提升。在学习过程中,枯燥的作业不是主要目的,从中提升儿童的创造能力,通过各种音乐活动让儿童在潜移默化中得到音乐的熏陶才是关键。

(六)愉快教学法

在儿童音乐教学中,教师首先应明确实际的教学工作,了解儿童的真实所需,进而制定贴合儿童实际的教学法。在此过程中,教师首先应充分发挥教学的主导作用,在教学中融入积极向上的理念,并为儿童预留充分的展示自我的机会,从而更好地解决之前存在的教学问题。其次,为了提升儿童对音乐的喜爱程度,教师在开展活动时要确保活动贴合儿童的身心发展情况。为了避免儿童在游戏中过于激动,对课堂纪律造成影响,教师可为儿童设立相应的约束规则,并引导儿童共同遵守。例如,在《变石头》这首音乐中,教师可与儿童一同参与音乐游戏,即所有儿童依照规则模仿相应动物的动作,当音乐停止后,所有儿童要立即停下,这一过程中不遵守规定的儿童便要被淘汰。教师可评选出表现最佳的儿童,并给予相应奖励。在该音乐游戏中,儿童能够在音乐中感受节奏、韵律带来的美好,进而无形中培养音乐素养。最后,教师可组织班级儿童通过合作的形式参与游戏,如此一来,儿童在感悟音乐的同时,还可锻炼社交能力、提升认知能力。教师在采用愉快教学法时,应当遵循该年龄段儿童的学习特点,将重点音乐技巧传授给儿童,从而促使儿童更好地成长。

智力障碍儿童的心理充斥着孤独、自卑与茫然。作为一名培智学校的音乐教师,其有义务也有责任用音乐开启他们的心灵之门,让他们体验到生活的快乐、音乐的色彩。而音乐教学就是一个很好的载体。愉快教学是符合教育规律的,也是世界教育改革的趋势。如何让孩子乐学、善学、始终以愉快的心情去学是摆在我们教师面前的又一新挑战。它不是单单以愉快的心情去教、去学就能达到目的的,而是要真正地了解学生的心理,用创新的教学方法和教师自身的榜样精神来吸引学生,从而提高学生的学习兴趣,使学生在学习中体验到快乐,而这些快乐是相互的。愉快教学让每一个孩子主动地得到发展,真正提高文化修养,得以健康地全面地成长。

人在运动过程中会有各种各样的节奏,音乐中也有着特定的节奏,如果能够将音乐节奏和身体节奏联系起来,对智力障碍儿童进行节奏律动训练,一边播放音乐,一边让智力障碍儿童随着节奏做动作,有助于锻炼智力障碍儿童的反应能力和肢体协调能力,他们在运动过后也会感到身心得到充分放松。

智力障碍儿童音乐教学虽然具有特殊性,但它同样需要先进的教学方法与理念来指导教学实践。愉快教学法就是很好的一种体现。通过教师的不断探索与实践会有更多、更好的教学经验涌现出来,为我们的智力障碍儿童音乐教学增添亮丽的一笔。

(七) 音乐游戏教学法

1. 教学原理与目的

游戏源于人的原始冲动与过剩精力,儿童精神分析学家克莱因指出:"儿童的内心深处更具有原始的东西,必须用特殊的分析技术才能发现,这就是'游戏分析'的心理学方法。通过游戏分析法,我们能够发现儿童内心深处压抑着的体验感受,给予儿童的成长发展以根本影响。"智力障碍儿童虽然存在先天生理与心理的缺陷,但他们仍旧对周边事物和自然环境有选择性地采纳和过滤,只是比一般正常儿童要迟缓许多。此外，音乐游戏教学也非常符合罗杰斯创立的"来访者中心疗法"的精神。教师要尊重孩子的感受，给孩子自由表现"所想"的机会，与孩子建立一种人格平等且相互信赖的关系，这对于解决孩子的心理问题与社会归属感的培养是十分必要的。

音乐游戏是以发展儿童音乐能力为主要目标的游戏。它以游戏的方式对儿童进行音乐基本素质训练，是儿童认识音乐世界、提高音乐素质的良好途径。音乐游戏的形式和内容是多种多样的，有歌舞游戏、表演游戏、反应游戏以及侧重于识谱、器乐演奏、欣赏等的音乐游戏。音乐游戏具有音乐性、趣味性、规则性、创造性、教育性、愉悦性、多样性以及灵活性等特点，教学中应遵循音乐游戏的特征，有效发展儿童的音乐能力。在游戏之前，不要急于介绍游戏规则，要让儿童先充分感受音乐。

需要特别指出的是，在音乐游戏教学的过程中，要尽可能帮助孩子宣泄消极的情绪，矫正儿童的问题行为，同时，也要重视孩子对社会经验特别是知识经验的内化，以具备个体社会化所必需的知识基础。在音乐游戏教学中，要有一定的"原则性"，不能过度"自由"，否则势必会导致教学有效性降低。音乐游戏教学法的最终目的主要有三个方面。

第一，使智力障碍儿童获得心理安全。由于先天缺陷，智力障碍儿童会经常招致排斥和责骂，"长期生活在这样的环境中，孩子就会逐渐丧失安全感，进而导致适应性行为障碍"。音乐游戏教学可以让这些孩子放心大胆地去探索各种可能性，最大限度地感受并了解周围的人和物的关系，自由自在探索自己想要探求的世界，满足心理安全需要。

第二，使智力障碍儿童宣泄消极情绪。智力障碍儿童的消极情绪远远多于同龄正常儿童。在音乐游戏中，可以通过一些象征游戏来帮助他们释放长期以来心中积攒的消极情绪，将一些创伤性事件与糟糕的情感体验转嫁在游戏场景中，从而帮助孩子肆无忌惮地宣泄出内心郁积的不满情绪。

第三，使智力障碍儿童在游戏中达成愿望。智力障碍儿童有许多自己的愿望，只是由于自身条件的约束，他们达成愿望的可能性较小。实践证明，这些孩子在与其认知发展水平相吻合的游戏环境中，能通过装扮行为实现他们帮助别人的愿望，所以，音乐游戏教学是使智力障碍儿童达成愿望的必要渠道。

2. **具体教学设计**

在音乐游戏教学中，应该充分运用可视的、具象的辅助材料和手段，激发特殊儿童对音乐活动的兴趣，通过课例挖掘他们的想象力，培养他们的音乐能力。

实践活动一：想象与动作（适合6～7岁智力障碍儿童）

活动准备：动物玩具（有大有小）、卡通娃娃（有大有小）

过程：

①首先让小朋友们原地站好，教他们张开双臂，这样可以使每两人之间保持一定距离，留出足够的空间让儿童自由活动。这个时候，教师把玩具放到每个孩子都能看到并能拿到的地方，鼓励和引导他们自主选择喜欢的玩具，拿起来观察并用自己的方式去感受玩具。

②教师：假如我们在路边遇到了一只可爱的小兔子，它找不到自己的家在哪里了，非常伤心，现在我们想把这只小兔子抱回家，抚摸它、安慰它一下，那我们应该怎样去抚摸它呢？（教师先在旁边观察，不要引导，让孩子们自己做出动作。等到孩子们做完以后，教师再做出示范，并且对每一个儿童的动作加以指导）

③教师：这个时候，假如有一只毛茸茸的小猫咪突然跑过来，钻进了你的怀里，它很喜欢你哦，这个时候，你应该如何抚摸它，来表达你也很喜欢它呢？（教师依旧先在旁边观察，鼓励孩子做出动作，等孩子们做完后，教师再进行正确的示范，并对孩子一一进行指导）

④教师：这个时候，从远处走来了一头大象，假如我们想去摸一摸大象，想一想，应该把手臂张开多大呢？（教师依旧是先观察再做动作引导）

⑤教师：嗷呜，是狮子的声音哦，小朋友们想一想，假如现在我们听到了狮子在唱歌，手臂应该张开多大呢？想象一下，狮子唱歌声音会有多大呢？（教师依旧是先观察儿童的动作再进行示范和指导）

⑥教师：叽叽叽叽，原来是小鸟在唱歌呀，小朋友们，假如我们听到小鸟在唱歌，我们应该……（这个时候教师不要提示小朋友手臂应该张多大，只需要描述出情境，然后让孩子根据之前的动作引导做出反应，教师进行观察，最后再进行正确的示范——把双手靠拢在胸前，表示声音很小）

⑦播放贝多芬第五交响曲《命运》的开头部分，根据音乐的强弱起伏，让他们做出相应的表现力度和音高的动作幅度。

提示：

第一，鼓励儿童将自己看到、听到和想到的东西大胆表现出来，发挥想象力。

第二，引导智力障碍儿童根据音乐的高低起伏，自由发挥，改变自己身体形态，充分表现自我，必要时可加入图片和视频作为引入情境的辅助。

实践活动二：结合生活感知音乐高低（适合7～8岁智力障碍儿童）

活动准备：在每一级的楼梯台阶上放上提示卡片

活动过程：

①教师：孩子们，我们现在是在二楼的教室里，你们在上楼梯进入教室时，台阶是一级比一级高呢，还是一级比一级低呢？那么下楼梯呢？大家想象一下，我们在歌唱的时候是不是也会有时高声唱，有时低声唱呢？（这时，有的学生会回答是，有的学生不知道教师表达的意思，此时，教师要及时对学生进行引导，告诉他们音乐是由许多高低不同的音组成的，可以适当地弹奏一些简单的小曲子让孩子聆听，边弹边有意识地告诉他们哪些音高，哪些音低。或是唱一首儿歌，用手势的高低表达音的高低，让孩子感知）

②教师：楼梯的每一个台阶上都有一个对应的数字，大家看看都是什么呢？（教师要从楼梯下方一步一步走到上面，然后指出数字，这样可以让学生更好地从视觉上感知高低的变化）

③教师：在歌唱的时候，这些数字要变成相应的音符，1要唱成"dol"，2唱成"re"，3唱成"mi"……（需要指出的是，智力障碍儿童大多数已经有了音阶的顺序记忆，这些可能是他们在幼儿园学到的，也可能是耳濡目染的一些机械性记忆，所以教师在进行提示的时候，大多数学生会跟着教师一起说）

④带着学生上台阶，一个台阶唱出一个音高。然后再下台阶，下台阶的时候，教师要用语言引导学生说出音高。教师：我们已经上到了最高的"dol"了，接下来，我们要顺着来时的路再走下去。（教师手指向数字7，并带着孩子走到数字7上面，询问孩子这个数字唱什么，鼓励孩子自己说出来，然后继续引导。走回最下面的"dol"上，在下行的时候，不要过多地要求孩子唱得准确或者流利，能够在教师的引导下说出唱名就是孩子们最大的收获）

⑤按照学生的身高排列音阶组合，把学生在音阶中的音名固定下来，找出一个学生，让他从低到高唱出唱名，同时，被唱到音名的学生要举起右手示意，举错了的孩子被换下来接替这个学生，以此类推。

实践活动三：感知音乐起止与集体协作（适合8～9岁智力障碍儿童）

活动准备：串铃、手鼓

活动过程：

①教师：宝贝们，大家听一下，这是什么声音？（教师打着鼓点）现在我们玩一个游戏，当你们听到这个声音的时候就可以在教室里任意走动，也可以根据老师敲打的鼓点走动。（拍打着鼓点的时候，教师可以突然停下来观察学

生的反应,这时,一定有个别自闭症儿童会跟着停下来,还有一些孩子继续走动,没有察觉,这样的方式有利于教师观察那些突然停下来的孩子,说明他们的感知能力比其他的孩子要好。在进行个别式教学时,教师可以通过记录为他们制订更进一步的教学训练计划)听到鼓声大家就走动,教师刚才突然停下来了,你们应该怎么样呢?(随后,教师用变化的节奏继续练习,最少进行 10~15 分钟)

②教师:大家听一下这是什么声音呢?(教师摇铃)现在我们换一种形式,当同学们听到刚刚的鼓声时,你们就自己一个人走,当听到铃声呢,你们就立刻找到自己身边的一位小朋友拉手一起走,大家明白了吗?(在这个环节中,有的孩子一定会同时抓住两个孩子的手,或是有的孩子找不到伙伴。教师要及时发现这样的孩子,对于找不到伙伴的孩子教师要主动上前将他们牵到一起。如果有人同时抓住两个孩子的手,要让这个孩子放下一个人的手,把另外一个伙伴让给其他的朋友,不能由着他的性子。智力障碍儿童在某些特定的时刻会表现得比较自私,想把所有东西都据为己有,此时,教师必须给予他们正确的指引,要引导孩子懂得取舍与分享)

③教师:现在呢,我们换成钢琴伴奏了。如果听到我在高音区弹奏呢,就女同学走,男同学们站着别动,如果听到我在低音区弹奏,男同学就走动,女同学就站着别动,如果你们听到高音区与低音区一起弹奏,就男女同学拉着手一起走,好吗?(这个环节相对较难,首先要求孩子明确高低音区的特点,然后要迅速做出反应。这个环节对于增加孩子们之间的亲密感有重要的作用,当孩子们出现错误时,要试着让孩子们自己发现他们的问题,做出选择。这些孩子在对方出现错误时,会及时提醒对方,即使他们的指令是错误的,但在无形之中彼此之间的默契度增加了)

3. 课堂教学中应注意的问题

教案一中需要注意的是语言与动作的提示技巧。当对孩子们进行过四次动作提醒时,可以直接转入下一个情境进行引导教学。用不同的情境联系同样的动作时,教师需要继续给予适当的动作提醒,让孩子们进行思维转移,然后在接下来的情境中,教师可以不必再提示动作的表现形式,让孩子们自己去思考,观察他们做出的反应动作,只要与基本动作所表现的形式类同就可以,不需要做得很规范,这种动作表现只是内心情绪与反应的传达,只要大致方向没有问题,可以让孩子们在正确的范围内自由表现。

教案二中教师需要注意的问题就是数字的提示问题。智力障碍儿童通常是单向思维模式，这就决定了这些孩子对于音阶的上行记忆是比较清晰的，但转换成下行记忆十分困难，他们不能够倒过来读。所以，在下行时，教师只需要通过数字引导让他们说出相应音高就好。此外，在最后一个"唱音名举手"环节，可能同时会有两名或是两名以上的孩子出错，这个时候，就让孩子自己推选出上去歌唱音名的人。智力障碍儿童的心理发展过度缓慢，虽然他们推选出的孩子在正常人看来不是最好的，但基本是他们心中比较"好"的孩子。因此，教师要尊重孩子们的选择。

教案三中教师需要注意，不论是敲鼓还是摇铃都要保持音量的适中，不能太大也不要太小，音量大了会激发孩子的焦躁情绪，而声音偏小，他们很有可能没办法听到，因为他们的注意力很容易分散到别的无关紧要的事物中去。在第一环节的活动中，当听到鼓点可以四处走动时，教师要边说边走动，尽量走到教室的每一个角落，这可以提示孩子空间的大小。教师的行为对于智力障碍儿童的影响很大，当教师的行为让他们有了新的发现时，他们自然会选取相对较大的空间去自由行走。在每一处鼓声停顿时，教师都要观察孩子们的反应，将个别特殊案例加以整理。

（八）音乐与动作教学法

1. 教学原理与目的

音乐与动作课程的核心内容是律动教学。呼吸、心跳的韵律可以作为节奏元素的参照依据。达尔克罗兹在1907年科学地对肢体节奏做出了分析。智力障碍儿童的大脑、肌肉以及神经不能统一协调，经常出现反应迟缓现象。

通过音乐律动的方式可以慢慢培养这些孩子集中注意力与准确回应的能力。孩子们通过教学案例提高了对音乐的把握和对信息的提取能力，同时，一些智力轻微受损的儿童可以准确地根据教师的指令完成停止、开始、向前、向后、蹲下、起立等动作，与对应的音乐元素相匹配，他们的精力越集中就越能够达到心理的相对放松状态。当孩子卸下防备之后，便能使用一切本能的行为方式去进行自我表达，在律动中找到平衡点，提高音乐感知能力和环境体验能力。通过律动，可以帮助孩子弥补动作缺陷。

2. 具体教学设计

在律动教学中，我们同样要使用情境式的教学方式把音乐律动内容与孩子们的日常生活结合起来,不仅要动用肢体,还需要借助语言来帮助孩子们理解律动的意义。我们可以把儿童的肢体动作看作其思想的过程,使儿童对节奏形成概念,随即加入身体动作,从动作中学习、体验与感受音乐的基本要素。

实践活动一:节奏体验——拉大锯(适合6~7岁智力障碍儿童)

活动准备:拉大锯CD;蓝白色绳子若干;节奏卡片;图像卡片

活动过程:

①播放视频或儿歌磁带,为本节课的主题做铺垫。

②教师:刚才那首儿歌里讲了一个什么故事呀?(需要说明的是,有些孩子对拉大锯这个场景并不熟悉,教师可以将相应的动作表演出来,有些孩子是熟悉动作的,这时再告诉他们这个动作是在做什么)学生们回答完后教师请一位学生当助手并示范拉大锯的动作。

③让学生两人一组面对面坐在地上,教师将绳子系在两个人的手上,两个人的脚要挨在一起。

④教师引导学生做锯木头的动作,一前一后随着儿歌的节奏调整动作。

⑤教师:宝贝们都做得很好,现在我们休息一会儿,听一听录音机里的小朋友们在说什么。

⑥教师:现在你们和老师一起把刚才听到的都说出来可以吗?

⑦要求学生边看节奏卡片边朗读。

⑧边听朗读边加入声势动作。

实践活动二:火车开动的情境表演(适合7~8岁智力障碍儿童)

活动准备:音频《开火车》;节奏卡片;矮凳子

活动过程:

①将小凳子直线摆好,让孩子依次排排坐,推举一个人当火车司机。

②教师:现在呢,我们已经坐上了去往草原的火车了,大家开心吗?

③教师:现在呢,火车即将出站了,司机师傅要拉汽笛了……(这时教师要模仿汽笛的声音,声音尽量夸张,让学生有种身临其境的感觉)

④接下来,让孩子们感受火车刚启动时的节奏与速度,让孩子们一边跺脚一边跟随节奏唱"轰隆隆隆……(四分音符的长短)",随着火车的加速,让孩子们将手臂的动作加入进来(可以是前两拍向上举起,后两拍放到腿上),渐渐模仿火车快速前进的声音,教师要引导学生说出"轰隆隆隆……(十六分音符的长短)"的节奏。

⑤孩子们熟练掌握之后,播放音频,让孩子们跟着音乐的节奏即兴表演。

实践活动三：游戏化节奏训练——猜猜什么花（适合8～9岁智力障碍儿童）

活动准备：需要的花朵图片；节奏卡片；音频《猜花》

活动过程：

教师：同学们，春天来了，我们看看窗外，现在什么花正在开放呢？（让学生看向窗外，利用外界事物吸引儿童的注意力）请小朋友告诉我，在咱们的校园和街道上，夏天你们会看到什么花开放呢？（孩子们说完他们夏天看到的花后，教师再展示牡丹花图片，给孩子们一个固定答案）那秋天大家是不是都能看到桂花呀，宝贝们吃过桂花糕吗？（一般学校和街道里种植桂花较多，菊花较少。所以引用桂花孩子们更容易理解，但孩子们大多数只见过并不知道花的名字。这个时候，教师就可以用桂花糕来引发孩子们的想象，智力障碍儿童大多都停留在生理需求方面，因此，对食物会特别敏感）咱们学校里有一株特别好看的梅花树，谁能告诉我，梅花通常在什么季节开放呢？（这个时候，会有许多孩子不知道，但春夏秋冬的顺序孩子大概都有了解。说完了春夏秋之后，自然会到冬天，这个时候教师要观察孩子们的反应能力，要引导他们说出冬天。这样，他们对于冬天开红梅花的概念就会形成机械性记忆，且不会忘记）

①第一环节的基本引导完毕后，教师带读小儿歌，学生边拍手边朗读。

②说到二分音符的延长音时，让学生加入一个自然画圈的声势动作。

③教师基本可以采用一问一答的形式进行练习（前提是，必须使学生牢记这些花所代表的季节，如果学生还能想出代表这个季节的其他花，在准确的情况下，可以给孩子们足够的发挥空间）。

第一种：选两名儿童进行一问一答，其他孩子做声势动作（拍手画圈）。

第二种：教师问孩子答。

第三种：将儿童分成两两一组，加入声势动作，相互问答。

④当学生们练熟之后，可以将拍手的动作变成拍肩膀，将画圈动作变成跺脚，让孩子们学着转换，适当锻炼他们的学习迁移能力。

3. 课堂教学中应注意的问题

实践活动一中，教师的引导十分重要。若孩子刚开始不明白什么是拉大锯，教师也可以用来回切水果等小幅度的象征性动作激发孩子的想象力。要在音乐声中边说边做动作，教师要尽量引导学生随着音乐的起伏而变化动作的幅度。教师可以在前两遍里带领学生感受音乐的变化，第三遍时，教师就要让学生自己用动作表现音乐的起伏。需要特别强调的是，在一前一后拉大锯的动作中，教师一定要让孩子们看向彼此，感受在合作过程中彼此给对方带来的归属感，让孩子们切身感受到合作所带来的愉悦。

实践活动二中，第二个环节的用词需要教师特别注意，如何从一节课的开始就吸引孩子的注意力特别重要。为什么要说去草原而不是其他的具体地方，是因为要引导孩子进入想象与好奇状态。这个时候，教师不要说去哪个城市，而要换成相应的草原、海边、森林这些自然界的象征，这些事物很容易激发智力障碍儿童的想象力与良好的情绪状态。如果换成那些特定城市，孩子也许根本没有听过或是难以想象那个地方的样子，从而导致暂时性的注意力转移。

实践活动三的课程设置以花卉为主题，这里需要特别注意：选择的花卉一定是生活里最常见的种类，如果学校刚好有这种花卉再好不过了，否则会造成智力障碍儿童的理解困难，有些自闭症儿童会对此特别纠结，导致情绪障碍显现。声势的训练要先以拍手为主，因为拍手是智力障碍儿童最熟悉也最容易迅速掌握的动作。有些孩子协调能力极差，如果一上来就使用跺脚的声势训练，他们很容易混乱，加之跺脚更容易引起神经大幅度牵引，在没有充分的热身之前，节奏不稳定的跺脚会引起智力障碍儿童的焦躁情绪。因此，当拍手熟练之后，孩子在心理及生理上得到了比较好的调整与预热，再逐渐转为拍肩膀或跺脚是最好的方式。

（九）奥尔夫乐器教学法

1. 教学原理与目的

奥尔夫乐器教学是奥尔夫教学体系的核心内容之一。智力障碍儿童会对一些奇形怪状的彩色物体特别感兴趣，但是，他们对事物表面现象的认知贫乏而模糊，只有通过亲身感受或是触摸行为，才能获得相应的感性知识。因此，奥尔夫乐器丰富的音色最容易增强智力障碍儿童神经与大脑的活跃性，从而使孩子们真正参与到音乐活动中。

智力障碍儿童大多数存在一些感官上面的问题，奥尔夫乐器教学法可以提高孩子各方面的灵敏度，经过长期训练，使孩子的视觉与动觉、听觉与动觉之间的统合能力得以提高，各种感觉器官及其功能水平也逐渐得以提高。

使用奥尔夫乐器教学法的最终目的有以下两点：

第一，帮助孩子提高记忆力。由于智力障碍儿童的机械性记忆相对较好，所以在训练中要让孩子们自己动手、自己寻找，帮助他们将抽象的五线谱直接转化为直观的乐音音高。

第二，帮助孩子发展感觉统合机能，补偿生理缺陷。在乐器击打的过程中，孩子们必须同时使用眼睛、嘴巴和双手，还需要记忆节奏或音高等相关音乐元素。在这个过程中，孩子们感受到音乐活动带给自身的幸福与满足感，从而形成"亲社会"行为。

2. 具体教学设计

使用奥尔夫教学法开展音乐教学活动，可以将乐器丰富的音色表现出来，也可以加入故事情节与师生朗诵，培养孩子们的身体协调感。

实践活动一：合作与集体意识的培养——钟声（适合7～8岁智力障碍儿童）

活动准备：手表图片；大钟；大钟敲钟的音频；铃鼓；手表发声音频；高音木琴；低音木琴；闹钟

活动过程：

①教师：大家听过大钟敲钟的声音吗？（播放大钟敲打时的音频，让学生感受，学生会很快进入一种联想状态）如果现在是下午三点钟，那么大钟应该敲几下呢？（带领学生模仿大钟敲钟的声音，然后将"当"变成"do1"继续让孩子们模仿）

②教师：现在呢，老师定的闹钟响起来了，大家快听一听，闹钟发出怎样的声音了呢？（固定旋律，唱熟练后变成"叮咚"让每个学生都模唱出来）

③教师：同学们，今天老师还戴了手表，大家听一下，老师戴的手表现在发出了什么声音？（引导学生做出四个十六分音符的节奏，在表现这个节奏时，可以是拍手也可以用嘴巴读出"didididi"的声音，教师要控制学生的节奏，一定不能过快）

④教师：现在我们分成两组，一组模仿大钟的声音，大钟是什么声音呢？（让学生重复记忆大钟的声音与节奏）另一组模仿闹钟的声音，闹钟什么声音大家还记得吗？（让学生重复闹钟的声音）那教师的手表发出了什么声音呢？（重复回忆）

⑤当孩子们掌握了这几种音色之后，开始进行以下练习。

铃鼓替代手表的声音；

高音木琴替代闹钟的声音；

低音木琴替代大钟的声音。

实践活动二：合作能力培养——锣鼓敲起来（适合8～9岁智力障碍儿童）

活动准备：木鱼；大鼓；锣；钹；节奏卡片

第五章 智力障碍儿童的音乐教育

活动过程：

①教师：同学们，今天咱们玩一个特别好玩的游戏，大家都听过敲锣打鼓的声音吗？（教师拿出小乐器，每个小乐器都轻微地摇动或敲打几下，让学生感受，并告诉他们这是什么乐器。音量不宜过大，适中的音量和单纯的音色不仅可以激发孩子的内在探求欲望，而且可以避免音色的杂乱与音量的过大而导致的情绪波动。同时将乐器分给孩子们，两次告诉他们，他们手中拿到的是哪些乐器，以重复性提醒）

②训练学生将谱例朗读熟练，教师将节奏卡片按照节奏顺序贴在黑板上，让学生看着卡片朗读，对于智力障碍儿童来说，视觉的引导比听觉更加直观。

③（注：咚是鼓，仓是钹、木鱼、锣同时演奏）教师：现在我们需要用自己手中的小乐器一起来完成这个小作品，当你们读到"咚"的时候，所有拿着大鼓的宝贝们随着朗读的节奏敲击大鼓，当读到"仓"的时候，所有拿着锣、木鱼与钹的宝贝们一起敲击你们手里的乐器。现在我们来试一下。（教师说完之后，先别着急让孩子们立刻进行合奏，而是先说"咚"，观察拿着大鼓的孩子有何反应，看他们是否能按照拍子敲击大鼓，并给予他们眼神的提示，直到孩子们基本可以合奏到一起。然后再说"仓"，按照上面的程序进行）

④准备就绪后，教学生用打击乐器配合自己所读的谱例，注意彼此之间的配合。（乐器合奏基本能顺下来就可以，不要对这些孩子要求太多，如果合奏不是很顺利，可以先编排合适的声势动作辅助学习）

实践活动三：听力理解——音乐的表现与起伏（适合9～10岁智力障碍儿童）

活动准备：钢琴；鼓；手鼓；木鱼

活动过程：

教师：同学们，现在老师弹奏三组旋律，这三组旋律里有你们的爷爷奶奶、爸爸妈妈，还有你们自己，大家仔细听哦。（播放录音或现场弹奏）

谱例一（低音区，沉重缓慢的）

（注：加入的声势动作多为跺脚，表现疲倦的状态）

谱例二：（高音区，活泼生动的）

（注：加入的声势动作可以为拍手，表现活泼的状态）

谱例三：（中音区，沉稳平静的）

（注：加入的声势动作多为走路或是慢速左右摇摆，表现平静的状态）

①教师：大家听出来爷爷奶奶、爸爸妈妈和你们自己分别是哪一段了吗？教师总结、归纳学生的感受，并设计与音乐相关的动作一起做。

②将奥尔夫乐器加入三个谱例之中（音乐素材都是一样的，只是将速度、节奏、音高、音量与伴奏乐器转换了。用特定的乐器音色与特定的声势动作表现特定的人物情境，可以将其串联成一个整体，帮助孩子理解与感受）。低音、中音、高音的表现部分一定要鲜明。如低音时，教师首先按照恒拍跺脚，并尽可能表现老爷爷老奶奶那步履蹒跚、老态龙钟的样貌。然后让孩子们跟着自己一起模仿，并准确地用跺脚表现恒拍。

3.课堂教学中应注意的问题

实践活动一中需要特别注意的是音色的转换与协调，要播放不同的音频让孩子感受到这些声音之间的高低差别以及节奏的变化，一定要使用音频或是实物的声音，教师不使用音频只使用自己想象中的声音去引导孩子是不可取的，因为教师自身的音色是相同的，这种音色的单一不容易引起孩子关注，而音色过于单一也削弱了孩子们对于节奏的感知。在选用奥尔夫乐器合奏时，打击乐器的音色尽量选取柔和的，合奏乐器不宜过多，要保证音响效果不能影响到个别儿童的焦躁情绪。最后声音的加入需要教师控制好学生的音量，尽可能使乐器声音高于人声，这样可以更好地让孩子感知乐器合奏的美妙。

实践活动二需要特别强调的是，孩子们看到奥尔夫小乐器都会感到十分好奇，因此，一定不能让孩子自己挑选乐器。他们的心性与心理状态趋于同步，都会对那些颜色亮丽、形状好看的乐器产生兴趣，如果让他们随意挑选，很有可能发生几个孩子同时争抢一件乐器的情况，而某些孩子的需求得不到满足之时，焦躁情绪便会泛滥，甚至会引发攻击性行为。将乐器分给孩子一是避免这种情况的发生，二是可以在无形之中透露出一种规范性与原则性。教师在教学生朗读时，需要把"咚"和"仓"的音色分开，在无形之中让孩子感受到音色的明显差距，为接下来的乐器合奏做铺垫。加入乐器进行朗诵时，一定要循序渐进，先让孩子搞明白哪些乐器在自己手中，不断地提醒他们自己手中拿到的是什么，在进行合奏前要反复让他们感受朗诵和乐器融合在一起的韵律感。实际演奏过程中，教师要通过手势和眼神来协调孩子们的节奏、速度与整齐度。

实践活动三教师要注意开始的提示语气，一定要具有神秘感，孩子们对于身边亲近的人会特别敏感。因此，用一种神秘的语气将生活中他们所关注的人与音乐活动结合起来，很容易调动他们的兴趣。在奥尔夫乐器加入三段旋律前，教师一定要用表演的方式（比如表现老爷爷的老态、孩子们的活泼、中年人的沉稳）将三个不同年龄段的人的特点表现出来，加入的声势动作一定是从沉重（跺脚，低音）到轻快（拍手，高音）再到平静（拍腿或走路，中音）。声势动作以锻炼恒拍为主，奥尔夫乐器加入时教师要带着孩子一起做，重复练习。在练习的过程中，孩子们能够慢慢感受到节奏点的变化。只有充分地发挥音色的优势，智力障碍儿童才能投入课程的学习。

教师可以根据以上几种具体教学案例的形式进行改编，笔者也在其中总结出以下几点基本教学原则。

①尽量采用日常生活中的元素对其进行音乐教学，用动物、植物、颜色，或者游戏等方式将音乐间接带入他们的生活中。

②从节奏入手进行音乐教学。每个孩子都有天生的节奏本能，自然的心跳以及行走都是有节奏韵律的。因此，从节奏入手进行音乐教学，是最自然也是最容易被智力障碍儿童所接受的方式。

③当教师有明确的简单指令，孩子不能做到并伴有焦躁情绪时，教师尽量让那些情绪焦躁的孩子自己缓解情绪，但不能放任他们，不要影响到其他正常状态的孩子。一般这种情况下，情绪障碍儿童在看到有些人正常而有序地进行某种训练时，注意力会短暂转移到那些孩子的身上，从而可以暂时平定内心的不安情绪。如果教师在此时刻意靠近他们帮助其缓解情绪，反而让这些孩子的关注点返照在自己身上，焦躁情绪更难以得到平复。

④教师的示范动作与语言尽量做到夸张。由于这些孩子的感知能力较弱，如果在教学中没有及时把肢体或语言信号明确夸大，他们的注意力便很难转移到学习中。

⑤教师在开始上课之前，为了建立一种平稳的内部环境，通常先要求学生闭上眼睛、保持平静、调整呼吸进而全神贯注。刚开始可以从一些比较简单的动作开始，比如行走，这样可以很好地启发智力障碍儿童消除紧张与焦躁情绪。

⑥在奥尔夫乐器教学过程中，打击乐器每次所使用的种类不超过三种，总数量不超过六件。教师要充分考虑到合奏时音色的和谐与美妙，每次合奏时乐器不能超过三类。在合奏编排时，整体音量必须放低，以免激发孩子的负面情绪。

二、智力障碍儿童音乐教育的策略

（一）创新教材

1. 变简谱教学为五线谱教学

音乐是没有国籍的语言，语言交流的媒介就是五线谱。而我们目前的音乐教材采取的则完全是简谱。现今中国已加入WTO，如果再使用简谱势必要与国际脱轨。对于音乐工作者来说，经常使用简谱教学，五线谱知识就会日趋淡忘，五线谱与简谱对学生来说，其难易程度是相差不多的。因此，在音乐教材的编写中，应变简谱为五线谱进行教学。

2. 加入童谣或儿歌辅助教学

智力障碍儿童语言发展迟缓，尤其是低年级的学生，无论是对旋律还是节奏接受都非常慢，有时甚至就是读歌。所以在低年级教材的编写过程中，可适当加入一些节奏明快、朗朗上口的童谣或儿歌辅助教学，训练其口语表达能力，使其感受音乐的韵律之美。

加入童谣和儿歌，可以增强教学的趣味性，激发儿童的兴趣，提升他们学习的积极性，以此提升教学效果。

3. 合理安排教学内容

遵循循序渐进原则，不要急于求成，根据儿童发展的身心特点，合理安排音乐教学、节奏训练、乐器教学、音乐舞蹈等内容。

4. 创新能力的培养

在今后的教学过程中，要对学生能力培养、教材开发等一系列问题进行深入的研究和探讨，完善集直观性、艺术性和创造性为一体的"培智教育音乐课教材"，探索出更适合智力障碍儿童发展的音乐教育课堂教学模式，提升学生的能力，使学生的智能得到最大限度的发展。在音乐教材的研究过程中，还有一些实际问题，如教师理论水平不高、借鉴资料少等需要解决。

（二）提升教师素质

高质量的师资队伍是保证智力障碍儿童音乐教育活动顺利开展的重要前提。从事特殊教育事业的人，应该是最具奉献精神，也最具爱心的人，他们对特殊儿童的尊重是起码的、责任是必须的、义务是自愿的、爱是发自内心的，他们容易和特殊儿童建立一种相互信任的关系。智力障碍儿童音乐教育中，教师的素质非常重要。音乐教师除了应具备音乐专业知识外，更需有特别的修养。

教师在教育中的价值与地位是毋庸置疑的。教师需要支持与引导儿童的各项活动，这对教师自身素质来说是个很大的挑战，但同时，这也给教师专业发展提供了许多机遇。特殊教育会带来不同的教育情境，这对于教师来说是一种挑战，教育的不确定性增加了。因此，教师应采取积极的态度来选择一种能够适用于所有儿童的教育方法，使教育朝着更加良性的方向发展，形成一种综合化的教育环境。教师希望儿童能够尽可能地展示自身的个体差异，对于每个儿童的需求，教师会做出合适且积极的回应，让儿童，尤其是特殊儿童获得一种归属感。

教师不仅要有针对普通儿童的教育能力，还要能结合智力障碍儿童的成长需求开展针对性教育，从而实现特殊教育与普通教育的多元融合，为智力障碍儿童打造个性化的成长空间。在实际工作中，社会和学校要注意对特殊教育教师进行普通教育方面的培训，鼓励教师互相交流经验，从而能够在相互帮助下真正按照智力障碍儿童与普通儿童教育融合发展的现实需求发挥作用，加快特殊教育改革发展的总体进程。同时，教师还应积极协调学校、家庭之间的关系。

目前，我国的特殊教育师资方面还存在着很大的问题与不足，这些问题严重影响智力障碍儿童教育的顺利开展，同时也制约了我国特殊教育的整体发展水平。由于自身专业知识与能力不足，并且缺乏必要的职前培训，从事特殊教育的教师意识淡薄，专业水平不高，无法从更专业的角度观察儿童并辨别儿童的需求，更无法提供个性化指导。因此，提高教师团队的专业素质对特殊教育的发展起着至关重要的作用。相关部门可以从以下几个方面出发，提升师资水平。

首先，对教师进行职前培训，将相关基础理论性知识以及专业技能传授给教师，使教师树立起一种初步的全纳教育意识与思想，认识全纳教育理念。教师自身也要做到不歧视、不排斥特殊儿童，运用多元智能理论，以多样化的教育视角去看待每个儿童，以人为本，以儿童发展为本，重视每个儿童的积极参与，及时发现儿童的闪光点，引导儿童扬长避短。

其次，使教师积极地进行自我提升，如通过网络学习、专题讲座以及培训等，不断加深自己对特殊教育的认识，促进自身专业发展，掌握在教育过程中的话语权和专业自主权，调动自身的主观能动性和自我效能感，更好地引导和支持特殊儿童的发展。

最后，要引导教师树立正确的儿童观，公平对待每一个儿童。每个儿童都是特殊的，教师应该积极对每个儿童的独特优势与需要做出回应，关注儿童的各个方面，从整体上把握儿童的发展情况与面临的问题，在以后的教育中对症下药，因材施教。另外，教师与家长进行沟通的能力要不断提升，教师要与家长建立积极的联系。特殊儿童需要教师进行正确的引导，教师需要及时了解家长的需求，考虑家长、儿童与学校之间的各种关系，让家长感觉到教师对儿童发自内心的关心与爱护，获得家长的信任与对教育工作的支持，以增强自身的专业自信心。

特殊教育学校在探索智力障碍儿童教育改革策略的过程中，要注意为教师创造实践的条件，使他们对智力障碍儿童特殊教育与普通教育融合推进的情况形成客观、系统的认识，从而对智力障碍儿童进行积极有效的指导，引导智力障碍儿童进行主动的思考和学习。这一工作能优化特殊学校教师的教育能力，使他们能更好地参与到智力障碍儿童特殊教育活动中，提高教育效果。在实际工作中，学校可以开展职业体验类型的教育活动，帮助智力障碍儿童特殊教育教师到普通学校中进行参观学习，鼓励他们在学习中把握特殊教育的特点和普通教育的实际情况，制订开展融合教育的方案，保证在实际开展融合教育的过程中能兼顾智力障碍儿童和普通儿童，从而提高教育教学活动的效果。如在融合教育实践中，教师就可以结合劳动体验课程，针对低年级智力障碍儿童组织擦桌子、整理班级植物角等相对简单的活动；针对融合教育中普通班级的学生则可以组织他们参与更加复杂的擦玻璃、桌椅摆放等活动，从而实现智力障碍儿童教育与普通儿童教育教学活动的多元融合应用，增强教育效果。

（三）完善教学环境

在完善教学环境方面，教师可以从教室布置入手。例如，可以在教室内张贴具有音乐代表性的图片，比如乐器图片和歌曲图谱等；可以为儿童提供各类基本乐器和音乐小道具，如木鱼、铃鼓以及三角铁等，带儿童认识更多的乐器，引导他们发现和选择自己感兴趣的器材参与音乐教学；还可以在教室中选择合适的位置作为音乐活动区，教师可以带小朋友们一起布置区域环境，让他们把自己喜欢的彩纸、卡片等投放到音乐区里；还可以共同制作色彩丰富的五线图谱。

音乐教育属于艺术领域，其目的是提高儿童的表现力与创造力。教师应该全面以儿童为中心，根据儿童的心理特性以及兴趣爱好设计儿童喜欢的音乐游戏模式，为儿童构建有趣、生动的教学情境，创造机会和条件，支持孩子们自发进行艺术表现和创造。

以简单的售货进行举例，教师对儿童进行科学而合理的分组，将儿童分成"买方"与"卖方"两队，并为买方设计任务，告诉儿童他们需要购买的物品是什么，然后给他们规定一定的时间，买到制定物品，在进行模拟游戏活动时，播放和环境相符的音乐，为儿童构建良好的音乐场景，让儿童借助音乐放松身心，举行无声购物游戏，在音乐游戏完毕后，买到最多物品的小组，赢得最终的比赛。通过做游戏进行音乐教学，会提高儿童的学习兴趣，同时生动的模拟互动还能加深他们对物品的认识，增强记忆，不仅使儿童的生活能力得到了提升，也可以帮助儿童了解到更多的物品，并能够了解其有何作用，促使儿童茁壮成长。

（四）开展音乐舞蹈训练

以音乐为手段，采取感官刺激，通过专业观察辨别智力障碍儿童真正所需的是什么，分析智力障碍儿的童身心发展特点，针对这些特点在智力障碍儿童音乐教育的课程编制和实践研究工作中增加音乐舞蹈训练课程。

在音乐教育中，带领演唱歌曲是较为常见的教学方式。在传统的教育理念中，儿童音乐教育大多以教师示范为主。教师可依照歌曲内容及情境为儿童设计音乐游戏，例如，在演唱《刷牙歌》时，教师可带领智力障碍儿童一同依照歌词做刚起床时刷牙的动作，同时，为了提升游戏的趣味性，教师可对儿童进行评选，并加入相应的奖励。这样能够激发儿童的学习兴趣，使其积极参与到游戏中。在此过程中，儿童既体验到了随着音乐节奏摇摆的愉悦、轻松，同时又通过表演动作学到了刷牙的正确方法。

第六章　听觉障碍儿童的音乐教育

听觉障碍儿童在成长的过程中，学习语言的途径受到了阻碍，如果不尽早地采取补救措施，就会耽误学习语言的关键期，以至于不能用语言同正常人进行交流。本章分为听觉障碍儿童的身心特征、音乐教育对听觉障碍儿童的影响、听觉障碍儿童音乐教育的特殊性、听觉障碍儿童音乐教育的方法与策略四部分。主要内容包括：听觉障碍儿童概述、听觉障碍儿童的身心发展特征、音乐教育有助于促进听觉障碍儿童的身心健康等方面。

第一节　听觉障碍儿童的身心特征

一、听觉障碍的类型

听觉障碍的类型可以根据听力损失的程度、听力损失的部位和听觉障碍发生的时间来划分。通过查阅相关书籍、资料发现，目前关于听力损失程度的分类以2016年《第二次全国残疾人抽样调查残疾标准》中规定的数据为标准。

（一）依据听力损失程度分类

《第二次全国残疾人抽样调查残疾标准》将听觉障碍分为四级。

1. 听力残疾一级

听觉系统的结构和功能重度损伤，在无助听设备的帮助下，不能依靠听觉进行言语交流，在理解和交流等活动方面极度受限，在参与社会生活方面存在极严重障碍。

2. 听力残疾二级

听觉系统的结构和功能重度损伤，在无助听设备的帮助下，在理解和交流等活动上重度受限，在参与社会生活方面存在严重障碍。

3. 听力残疾三级

听觉系统的结构和功能中重度损伤，在无助听设备的帮助下，在理解和交流等活动上中度受限，在参与社会生活方面存在中度障碍。

4. 听力残疾四级

听觉系统的结构和功能中度损伤，在无助听设备的帮助下，在理解和交流等活动上轻度受限，在参与社会生活方面存在轻度障碍。其中一、二级听力残疾为聋，三、四级听力残疾为重听。

《特殊教育学》一书认为，听觉障碍应按照听力损失程度分为聋和重听两类。并且国际标准化组织（The International Standard Organization，ISO）、世界卫生组织（The World Health Organization，WHO）和国际伤残人奥运会（Olympic Games for Disabled Persons）分别制定了听觉障碍的国际标准。我国在参照国际标准的基础上，于1987年公布了听力残疾标准。各类听觉障碍标准对照如表6-1所示。

表6-1 听觉障碍标准对照表

听力损失程度（dB，听力级）	中国标准 类别	中国标准 分级	WHO、ISO标准 分级	WHO、ISO标准 程度	伤残人奥运会标准
>110	聋	一级聋	G	全聋	可参加世界聋人运动会
90～110	聋	一级聋	F	极重度	可参加世界聋人运动会
71～90	聋	二级聋	E	重度	可参加世界聋人运动会
56～70	重听	一级重听	D	中重度	可参加世界聋人运动会
41～55	重听	二级重听	C	中度	可参加世界聋人运动会
26～40	重听	二级重听	B	轻度	可参加世界聋人运动会
0～25	重听	二级重听	A	正常	可参加世界聋人运动会

（二）依据听力损失部位分类

当外界有声音出现时，外耳集音、中耳传音、内耳感音，人就会产生听觉。耳郭收集声波，经过外耳道传到鼓膜，引起鼓膜震动；震动通过听小骨传到内耳，刺激了耳蜗内的听觉感受器，产生神经冲动；神经冲动通过听神经传递到大脑皮层的听觉中枢，就形成了听觉。在上述传递系统中任何一部分发生缺损都会造成不同程度的听觉障碍。依据损失部位的不同，将听觉障碍分为下列三类。

1. 传音性听觉障碍

传音性听觉障碍也称传导性听觉障碍。此类听觉障碍，通常以后天因素导致居多，听力损失程度一般不会超过 60 分贝，因内耳是正常的，故大多数只需要佩戴助听器将声音放大、手术或药物治疗等即可解决障碍问题。一般来说，中耳出现问题比外耳出现问题导致听觉障碍的程度要重一些。最常导致中耳出现问题的是中耳炎，任何年龄都有可能感染，但儿童患病率较高。

2. 感音性听觉障碍

感音性听觉障碍也称感觉神经性听觉障碍，听觉障碍发生的部位在耳蜗内以及耳蜗后的听神经，此类障碍会降低儿童对声音的接受能力，常常导致患儿对声音产生曲解现象。电子耳蜗可以对耳蜗出现问题的患儿起到改善作用，而针对听神经的问题，电子耳蜗对其大多没有帮助。此类听觉障碍可能由遗传、疾病或外伤导致，其发生时间在出生前后都有可能。造成儿童听觉障碍的常见原因有遗传、后天性病毒感染（如脑膜炎、腮腺炎、麻疹）、出生时缺氧、母体产前感染、母子血液不合、头部受创、抗生素的不当使用、长期置身于高噪声环境中等。

3. 混合性听觉障碍

混合性听觉障碍指患儿同时具有传音性听觉障碍和感音性听觉障碍，此类障碍训练的难度更大。

（三）依据听觉障碍发生的时间分类

1. 先天性听觉障碍和后天性听觉障碍

以出生时间为分界线，从母亲怀孕到分娩时由于各种原因导致胎儿出生时就有听觉障碍的称为先天性听觉障碍。出生时正常，但因病变或者意外造成患儿出生后发生的听力受损称为后天性听觉障碍。

2. 学语前听觉障碍和学语后听觉障碍

一般以语言学习的关键期 4 岁为分界线，通常先天或婴幼儿时期即丧失听力，缺乏经由听觉渠道学习语言的经验，这类患儿为学语前听觉障碍。如果儿童是在学会说话后丧失听力的，称作学语后听觉障碍。学语前听觉障碍较学语后听觉障碍的口语训练遇到的困难多一些。

二、听觉障碍儿童的特点

听觉障碍儿童的基本特点主要体现在以下三个方面：一是感知力相对薄弱造成学习障碍；二是听力和语言障碍导致学习的意志力相对薄弱；三是情感障碍导致行为失控等。

（一）感知力相对薄弱

站在感知角度，听觉障碍儿童感知力相对薄弱会造成学习障碍。主要体现在三个方面：一是感知觉的缺陷性，会导致其接收的信息不完整。听觉障碍儿童因有听觉缺陷，其接收的外界语音信息不完整，甚至完全无法接收到语音信息，从而导致他们对外界事物的感知与认识会受到影响。

二是注意特点的局限性，会导致其在活动中存在一定困难。由于听觉障碍儿童听力的缺陷，注意特点会有较大局限，他们的词语记忆能力、概括能力、运动的平衡性等方面会受到影响，在参与互动活动的过程中会产生困难。

三是思维特点的特殊性，会导致其思维发展相对迟缓。听觉障碍儿童因听力与语言发展具有特殊性，加之其视觉及手语的形象表征，他们的思维水平多数略低于正常儿童，抽象逻辑思维发展相对迟缓。

然而，听觉障碍儿童相对来说也有其自身的发展优势，例如，在感知觉方面，听觉障碍儿童随着年龄增长，他们视觉的反应速度会超过正常儿童；在注意特点方面，其形象记忆相对更为出色；在思维方面，他们的形象思维能力也有相对优势。

（二）学习意志力相对薄弱

听觉障碍儿童中，多数人的意志力较弱。听觉障碍儿童在学习过程中存在听力和语言方面的障碍，在学习过程中经常会遇到词汇量不足、发音不准、组句困难、听不懂教师讲解内容等现象，加之听觉障碍儿童需要集中注意力倾听和观察，容易产生心理和生理疲劳，导致听觉障碍儿童经常对学习难以坚持，在学习过程中失去兴趣，甚至厌学。

（三）行为失控

听觉障碍儿童存在情感发展障碍，主要表现为孤僻、胆怯、恐惧、沉默，加之任性、固执、过度依赖等，导致其存在自卑心理，缺乏自信，稍有刺激就会产生较大的情绪波动，爱冲动且易发脾气，也或者是烦躁不安、焦虑等。

三、听觉障碍儿童的身心特征

听觉障碍儿童的身心特征包括了身体方面和心理方面。听觉是人类适应环境与社会、认识自然的重要途径，听力的损失对于人类的首要影响是身体方面的影响，进而带来焦虑、自卑、固执以及学习主动性差等心理问题。

（一）听觉障碍儿童的语言发展特征

听觉障碍儿童由于先天或后天听力的缺失，他们的语言要比正常儿童发展缓慢。学者们从不同的角度对听觉障碍儿童的语言发展特征进行了分析。金星从韵律词重音的声学特征的角度讲道：①重音异常听觉障碍儿童与正常儿童的韵律词重音模式存在差异，重音正常听觉障碍儿童与正常儿童的韵律词重音模式不存在差异。②与正常儿童相比，听觉障碍儿童实现韵律词重音的声学参数不全面，存在替代现象和发展现象。③韵律词单独时与在句中时，听觉障碍儿童的重音表现情况存在差异。④音强、音长、音高三参数在韵律词重音的实现中互相补充、互相调节。⑤汉语韵律词产生过程中不存在独立的韵律结构，重音模式与韵母和声调共同加工。⑥韵律词产生过程中，重音异常听觉障碍儿童与正常儿童的表现一致。

张梓琴从言语韵律特征的角度分析道，听觉障碍儿童存在韵律问题，不正常的韵律既影响听觉障碍儿童的言语可懂度和流畅度，还影响他们对语义和情感的理解以及他们自身的表情达意，不利于与他人沟通交流，成了他们回归主流社会的阻碍。许海燕从语言发展的角度分析了学前阶段听觉障碍儿童的特征，她认为学前听觉障碍儿童语言发展较为迟缓，且个体之间的发展差异较大。在语言理解中对于事物的辨认优于事件辨认，颜色概念优于位置、方向概念，短文理解能力以及口语表达能力差。

（二）听觉障碍儿童的性格特征

关于听觉障碍儿童的性格特征，有学者认为听觉障碍儿童相对于正常儿童来说自我认知能力低、对同伴的信任程度高。如祝一靖认为，听觉障碍儿童自我认知能力较正常儿童低。黄艳华从人际信任与个性特点关系的角度将听觉障碍儿童与正常儿童做比较研究，认为听觉障碍儿童与正常儿童相比，在个性方面更具有倔强性和掩饰性，但更倾向于内心且情绪稳定。在同伴信任、信赖他人方面，听觉障碍儿童对同伴的信赖度更高，对他人的善良、友爱更有信心。但也有学者认为听觉障碍儿童在适应性方面和正常儿童无明显差异。张福娟、刘春玲通过量化分析对听觉障碍儿童进行评定后提出，正常儿童的适应性、独立性、忍耐性、领导性、固执性、社会性、情绪安定性、自卑感等各项得分都高于听觉障碍儿童。但是通过对听觉障碍儿童与健听儿童的适应性、分化性和自我发展性进行比较发现，他们在适应性方面，无论是个人适应还是社会适应均无明显差异。

（三）听觉障碍儿童的学习特征

听觉障碍儿童由于听力缺乏，身心相应都会出现问题，尤其是心理更容易出现问题。

第一，在语言发展方面，与正常儿童相比，听觉障碍儿童在语言表达过程中音调、音强等会出现问题，还会出现语句不够连贯、语法错误等问题，但是对于形象事物的语言理解强于具体事件。

第二，在学习方面，听觉障碍儿童在学习过程中注意力容易分散，主动性不强，但是记忆能力和形象思维能力强于正常儿童。

第三，在性格方面，听觉障碍儿童的自我认知能力与正常儿童相比没有本质的区别，但由于听力损失和语言发展滞缓等问题，其自我认识能力弱于正常儿童，在个性方面更具有倔强性和掩饰性，更倾向于内心且情绪稳定。

第四，在同伴信任、信赖他人方面，听觉障碍儿童对同伴的信赖度更高，对他人的善良、友爱更有信心。

第二节　音乐教育对听觉障碍儿童的影响

音乐教育是一种独特的教育形式，具有多种功能，可以给人不同的影响与启迪。正如苏霍姆林斯基说的："音乐教育并不是音乐家的教育，而首先是人的教育，是'认识自己'的教育。"

因此，音乐教育从本质上来说是一项塑造"人"的工程。通过音乐教育可以培养人对美的感受、体验，从而达到对人心灵的陶冶和人格塑造。与正常儿童相比，听觉障碍儿童更需要接受音乐教育。正如上文所提及的，听觉障碍儿童由于生理的缺陷，导致他们出现一系列心理问题，所以他们更需要通过音乐教育来丰富他们的生活，塑造美好的人格。用音乐的美来浸润他们的心灵，让其能有一个积极乐观的心态去面对生活，正视自身的缺陷，从而健全自己的人格，最终实现自身价值。由此可见，音乐教育对于听觉障碍儿童具有不可或缺的作用。

一、有助于促进听觉障碍儿童的身心健康

听觉障碍儿童由于生理的缺陷，身体的协调性、平衡性不好，对事物的敏锐度不高。从生理学的角度看，音乐可以改善人体机能。通过让听觉障碍儿童参与律动的练习，让他们的手与脚跟着音乐的节奏动起来，可以很好地锻炼其身体的协调平衡能力，在感知音乐节奏的过程中他们的反应能力也会提高。

同时，一些器乐训练、节奏训练等音乐课程可以有效地锻炼听觉障碍儿童的残余听力，提高其语言能力，矫正他们的生理缺陷，从而达到康复训练的目的。生理的缺陷必然导致心理方面的问题，听觉障碍儿童在生活中可能不会像正常儿童那样内心充满着憧憬与向往，他们对任何事情都可能持有一种消极的态度，因为他们内心是孤独的，而音乐教育恰恰能帮助他们矫正这一不良心态。音乐具有愉悦性特征，整个音乐教学过程都处在一种快乐、轻松、自由的氛围中。听觉障碍儿童通过参与音乐活动，融入这种氛围，在此过程中感受快乐，享受音乐的美好，完全打开心扉释放自己，在潜移默化中使精神得到释放。音乐还具有情感性，它表现或传递情感，使最优美的旋律浸入人的情感深处。听觉障碍儿童通过对音乐的感知体验，与音乐所表现的情感产生共鸣，给心灵以滋润，使内心不再孤独。所以音乐教育对听觉障碍儿童的身心健康发展具有积极的影响。

二、有助于发展听觉障碍儿童的想象力和创造力

听觉障碍儿童由于语言逻辑能力的缺乏，形象思维占主导，抽象思维发展缓慢，对事物的认识往往要与具体形象相联系。而音乐具有不确定性、多义性、朦胧性等特征，可以为听觉障碍儿童留下广阔的自由的想象空间，发展他们的感性思维。在音乐的世界里，他们可以尽情地发挥自己的想象力，对待同样一首音乐作品，每个人都可以对其有不同的理解和感受，无须言语的交流，只需心与心的触碰。只要教学中教师能运用适当的方法，便能有效地促进听觉障碍儿童想象力和创造力的发展。比如，教师在上律动课时，不仅可以让听觉障碍儿童感知音乐的节奏，跟着节奏动起来，还可以使他们在感知音乐节奏的同时进行想象，和现实生活中的具体形象联系起来，便于他们联想。

例如，对于比较平稳的节奏，教师可以引导学生想象钟表走针嘀嗒嘀嗒的声音，让他们知道表针是以这样一个平稳节奏在走。在训练体验节奏强弱时，教师可以引导学生想象下雨的情景，雨大的时候就代表力度强，慢慢地雨越来越小就代表越来越弱。通过大雨和小雨的对比，让他们在脑中形成相应的画面，找到那

种强弱的感觉,形象具体又易于理解。

听觉障碍儿童能正确地跟着音乐节奏附和后,教师便可以让他们自己尝试着去创作一些简单的节奏,开始可以以小组的形式进行,最后再鼓励个别学生进行创编。通过这些音乐教学活动,听觉障碍儿童的想象力和创造力在潜移默化中便能得到发展。

三、有助于培养听觉障碍儿童良好的思想道德

由于听觉障碍儿童的情感体验贫乏,对问题的认识往往流于表面,道德判断和道德意识不成熟,对其行为缺乏一定的约束力。当他们面对外界诱惑时,可能会难以抗拒而出现一些不良甚至违法行为。所以,培养听觉障碍儿童良好的思想道德修养至关重要,而音乐教育恰恰有这方面的功能。对听觉障碍儿童进行音乐教育可以提高其思想道德修养,有助于把他们培养成一个对社会有用的人。

比如,选择一些优秀的、积极健康向上的音乐作品,这些作品都蕴含着艺术家美好的思想情感,把这些作品介绍给他们,让其了解其中所蕴含的思想情感,特别是一些具有教育意义的作品,像《拉德斯基进行曲》《义勇军进行曲》《游击队之歌》等。这些具有典型意义的音乐作品能够培养听觉障碍儿童的乐观主义精神,对听觉障碍儿童有很好的教育作用。

教师可以先以故事的形式讲述一下作品所表达的情感,再让他们去感受音乐中那种激动人心的旋律、明快完整的节奏,让其整个人都被音乐中的情感感染。通过音乐教学,把作品中好的思想情感传递给听觉障碍儿童,以丰富他们的精神世界,使其从中学会辨别思想的好坏,从而提高他们的道德判断力。

四、有助于丰富听觉障碍儿童的情绪情感体验

听觉障碍儿童由于没有足够的言语水平,他们的思维只停留在形象水平上,抽象思维发展缓慢,所以他们的情绪情感体验较为贫乏。情感的培养和教育不仅对听觉障碍儿童身心发展至关重要,而且对他们掌握知识、发展能力、形成良好的思想品德也是不可缺少的。

因此,我们在对听觉障碍儿童传授知识、发展智力、培养能力的同时,要注意他们的情感培养。音乐教育具有情感性,它以音乐为中介,通过旋律、节奏等来表现或传达情感,具有强烈的感染力。优美的音乐给人以舒缓的情感体验,激昂的音乐给人以振奋人心的情感体验,悲伤的音乐给人以哀伤的情感体验,欢乐

的音乐则带给人愉悦的情感体验等。对听觉障碍儿童进行音乐教育，通过音乐中表现的不同情感，可以让他们体验不同的情绪感受，用音乐的美浸润他们的内心，陶冶他们的情操。听觉障碍儿童虽然不能完全听见音乐的声音，但只要还有残余听力再加上助听器的帮助，他们依然可以欣赏音乐，感受到音乐带给他们的不同情感。

此外，不仅要使听觉障碍儿童感受到音乐听觉的美，还要给予他们视觉美的享受，在欣赏音乐的同时，播放一些和音乐所表达的情感相一致的图片，让音乐更加形象地展示在听觉障碍儿童眼前，从而加深他们对音乐情感的体验。

五、有助于培养听觉障碍儿童的社会适应能力和人际交往能力

语言是人们社会交往的重要手段，听觉障碍儿童缺乏语言能力，听不懂或听不清别人所说的话，难以理解别人用语言所表达的想法和要求，而别人也无法理解他们的愿望和想法。在这种情况下他们便会排斥进入正常人的圈子，不愿同正常人进行交流，还易产生对立情绪，长此以往他们同外界的交流能力会越来越差。但听觉障碍儿童最终还是要走向社会，融入这种大集体的，他们不可能一直活在自己的小天地里，必须得走出来与别人交往接触。

所以，对听觉障碍儿童教育的目的也是让他们能更好地融入社会，提高其社会适应能力和人际交往能力。音乐教育可以培养人的集体意识和协作精神，让人与人之间的关系更加紧密和谐。比如，合唱、合奏，都需要许多人联合起来才能完成，即使独唱独奏，也要与伴奏合作，与观众呼应。虽然听觉障碍儿童没办法参与合唱或者合奏，但他们也是可以进行集体活动的。比如，分小组一起进行节奏的练习，跟着音乐一起舞动，这其中要保持节奏的统一、情绪的一致，需要每个人的配合，而且他们的这种交流是不需要任何语言的，因为音乐是他们共同的情感语言。在参与音乐活动的过程中，听觉障碍儿童的这种集体意识和合作能力将不断深化，他们能够更好地融入集体，并与集体成员建立良好的合作关系。通过对听觉障碍儿童这种意识的培养，能够很好地帮助他们将来融入社会这个大集体中，并与社会中的成员建立良好的人际关系。所以对听觉障碍儿童进行音乐教育可以很好地培养他们的社会适应能力和人际交往能力。

如上所述，对听觉障碍儿童进行音乐教育是非常必要的，音乐可以带给他们其他学科所不可取代的好处。通过音乐的美去熏陶他们的内心，可以使其心灵美化，使他们用正确的心态去面对自身的缺陷，用乐观积极的态度去面对生活，从而更好地融入社会，实现自身的价值。

第三节 听觉障碍儿童音乐教育的特殊性

由于听觉障碍儿童与正常儿童相比，存在一定的特殊性，所以在教学上也应有所区别，而绝不能简单地等同于普通音乐教育，采用常规的教学方式，应当充分考虑他们的特殊需要来进行教学。

一、教学对象及目标

众所周知，想上好一节课，教师课前不光要对所教授的教材有所熟悉，还要分析了解所教授学生的整体情况，从而据此制订相应的教学方案。教师首先要明确教授对象的特殊性，了解他们的特殊情况，顾及其特殊性，充分考虑到不同程度听觉障碍儿童的需要，制订相应的教案，上好每一节课。听觉障碍儿童的音乐教学目标也同正常儿童存在一定的区别。对正常儿童来说，音乐教学的根本目的在于培养他们的审美能力，使其掌握一定的音乐基础知识和基本技能。而对听觉障碍儿童来说，音乐教学的目的不是让他们掌握音乐技能，而是激发其自身潜能，促进他们其他相关能力的提高。

具体来说，主要包括三个方面：一是发展智力，使他们的身心均衡、健康地发展；二是发展他们的视觉、触觉、震动觉、残余听力和语言能力；三是在教学过程中，培养他们的节奏感和协调感，提高他们对韵律的感受能力、欣赏和表现能力。

二、教学内容及要求

教师需要根据听觉障碍儿童的特殊情况来设计教学内容。比如，为所有听觉障碍儿童开设声乐和合唱课显然不太合适，但让听觉障碍儿童进行律动练习就比较合适。还可根据他们的听障程度，适当增加一些教学内容，像那些有残余听力的学生，佩戴上助听器后，就可以尝试加入一些器乐演奏、音乐欣赏之类的内容，而对于那些听力完全丧失的学生，可以尝试加入一些理论性的内容。总之，在实际教学中教师需要根据每位听觉障碍儿童的特点设计相应的教学内容，尽可能满足每位学生的学习需要。

此外，在对听觉障碍儿童的学习要求上也应有所差别。对听觉障碍儿童的学习要求不宜过高，若以正常儿童的学习标准去要求他们，会给他们带来压力，使其丧失学习音乐的积极性。所以，在教学内容上对于那些偏难、偏杂的要做适当的删减，最主要是让他们掌握一些最基本的音乐内容。课堂上教师可以多鼓励、肯定他们，让其能够积极地参与到音乐学习中，享受音乐带来的快乐。

三、教学形式及教学方法

在教学形式和方法上，教师要充分专虑到每位听觉障碍儿童的特殊需求，并能根据每位学生的个性特征，采用合适的教学方法和方式开展教学。比如，教学中可以采取个性化教学法，根据不同学生之间的个体差异，制定相应的教学策略，因材施教，取长补短，尽量满足每位学生的需求。

比如，在律动课上，教师可以采用一些特殊的教学设备，如一些打击乐器，听觉障碍学生即使听不见也可以感受到音乐节奏。为了弥补听觉障碍儿童的生理缺陷，教师在教学中应采用一些直观性强、生动形象的教学方式，让他们更好地感知音乐。

在与听觉障碍儿童进行沟通时，教师最好了解一些心理或是医学方面的知识，以便能够运用恰当的方式同他们进行交流，对于课堂上遇到的一些突发情况也能适时地处理。根据不同学习程度的听觉障碍儿童，教师还需要运用课内外结合的方法，适当增加个别辅导，以提高他们音乐学习的积极性，使其享受音乐学习带来的乐趣。

四、教师素养要求

对于听觉障碍儿童的音乐教师，其在专业知识和自身素质方面都要比普通音乐教师有更高的要求。在专业知识方面，教师需要具备特殊教育、音乐教育、特殊儿童心理学等多学科理论知识，既要掌握普通音乐教育的基本知识、技能、原则和方法，又要懂得特殊教育的规律、特点和教学方式，甚至还要学会使用一些手语。

在自身素质方面，听觉障碍儿童的音乐教师首先要有一颗爱心去包容爱护他们。因为生理的缺陷，听觉障碍儿童往往会出现一些心理问题，如孤僻、自卑，不愿甚至害怕与外界接触交流，只想活在自己的世界里。他们的内心是那样脆弱与孤独，所以对待他们要有足够的耐心，用爱去打开他们的心扉，让他们能勇敢地走出来，正视自己，自信地面对生活。

其次，需要有足够的耐心去教导他们。由于听力障碍，听觉障碍儿童可能无法同教师很好地互动，加之他们需要非常专注地聆听和观察，不免容易出现疲劳、注意力涣散、思想不易集中等现象，长此下去便很容易造成听觉障碍儿童在学习音乐的过程中失去兴趣、主动性，甚至讨厌学习。这就要求教师要有足够的耐心给他们讲解，探索有效的方法引导他们融入课堂，积极地参与音乐学习。

同时，听觉障碍儿童有时情绪会很不稳定、易冲动、自控能力差，教师在课堂上需要密切留意他们的行为方式，关注他们心理的变化，课下及时沟通开解。

最后是需要有毅力，一旦选择从事特殊音乐教育这一行业，就要有持久的毅力，因为所付出的同收获的可能不成正比，如果没有持久的毅力是坚持不下去的。

总之，对听觉障碍儿童的音乐教学要充分了解其特殊性，从而制订适合且具有针对性的教学计划，让听觉障碍儿童能够真正喜欢上音乐，在音乐中找到自我、找到快乐。

第四节　听觉障碍儿童音乐教育的方法与策略

一、听觉障碍儿童音乐教育的方法

对听觉障碍儿童进行音乐教学所选用的方式方法必须以听觉障碍儿童的身心特点、认知规律为依据，尽量满足每位听障学生的音乐需求，确保他们都能得到充分的发展。然而，从当前的听觉障碍儿童音乐教学实践来看，其教学方式方法都比较陈旧，严重影响了教学效果。

所以，探索适合于听觉障碍儿童的音乐教学形式和方法是当务之急，值得每一个特殊教育工作者或教育研究者关注和思考。在这里，笔者通过多次观摩听觉障碍儿童音乐课并切身参与到教学实践中，在自身已有的音乐教育专业知识的基础上，提出了以下几种较为重要的教学方式和方法。

（一）情感教学法

音乐不仅是一门听觉艺术，更是一门情感艺术，它能以优美的旋律沁入人的心扉，叩开人的情感之门。听觉障碍儿童虽然无法清晰地听到优美的音乐，但可以通过对节奏的感知，体会音乐旋律的美好，从而产生共鸣。实践证明，在音乐教学中强调音乐情感的作用，能有效地培养特殊儿童的审美能力和形象思维能力。听觉障碍儿童由于生理原因，无法与人正常沟通，内心的孤独可想而知，他们的成长需要情感的浸润，更需要我们与之进行情感的交流，而音乐教学恰恰可以为这种感情的交流提供媒介。在音乐教学中贯穿情感教学，可以使他们充分感知音乐中的情感，与音乐产生共鸣，最后实现身心的全面发展。

在律动教学中，最主要的目的并不是让听障学生学习那些复杂动作，而是培养他们对音乐的感知能力。通过对音乐节奏、旋律的感知，体会音乐带给他们的快乐、美好，加深他们的情感体验，陶冶情操，补偿和矫正他们的身心缺陷。

因此，听觉障碍儿童的律动教学不能过多地强调技能技巧，哪怕只是简单的拍手、跺脚，只要他们能参与其中，动手跳与做，我们的教育目的也就达到了。听觉障碍儿童最容易感知的就是音乐节奏，所以律动教师应从节奏入手，让他们在感知音乐节奏的过程中体会情绪和情感的变化。可以从听觉障碍儿童生活中熟知的事物入手，采用对比、参与的方式进行。

比如，模仿动物走路的动作，让听觉障碍儿童从中体会到：乌龟走路动作慢，小兔子跑得快，大象走路动作重，小鸡走路动作轻……在活动中让听觉障碍儿童感知节奏的长短、强弱。进入歌曲可以先选择一些节奏性较强的曲目让学生欣赏。节奏的强弱、快慢可以表达歌曲的情感，随着地板的震动，学生跟着节奏拍手或用动作表现歌曲中的节奏，欢快的、悲伤的、热烈的、优美的节奏便在律动中感知。通过对节奏的感知，他们不仅对各类节奏有了印象，同时对节奏的意义也有了初步的了解。而这种感知、体验是进一步唤起情感的基础，在此基础上可以培养他们的情感表现力。

比如，在律动课上，教师可以先让学生感知歌曲中的节奏，拍手、跺脚都可以，并让学生回答从节奏中感知到的音乐情绪，学生可以用一种动作或脸部表情展现。不管他们回答得是否正确，只要他们敢于将内心的想法表达出来，教师都要予以鼓励。然后，教师再告诉学生音乐所表达的真正的情感，让学生把这种情感带进去，像那些热烈欢快的音乐，可以让他们微笑着做动作。同时，要鼓励他们自由地、无拘无束地跟着音乐节奏表演各种动作，为他们的情感表达创造有利的条件。也许他们的动作并不优美，但只要参与了，就证明他们能够跟着音乐进行想象，能够感受音乐所带来的快乐，能够将音乐所蕴含的情感表现出来。

音乐是听觉障碍儿童成长道路上不可或缺的因素，而情感教学则是开启听觉障碍儿童心灵的钥匙，它让这些孩子可以把内心的感情表现出来，让他们在感受音乐情感的同时能够与自己内心的情感产生共鸣，最后实现身心的全面发展。

（二）差异教学法

听觉障碍儿童之间都存在个体的差异。按照听力受损的程度可以将听觉障碍儿童分为三类：轻度听力损失、中度或中重度听力损失和重度听力损失。这就决定了他们在接受知识方面存在差异。差异教学法是根据不同学生之间的差异进行分类教学，选择相应的教学方式方法，有效地补偿其缺陷，使每位学生都能接受到适合其自身发展特点的教育，以确保每位学生都能在原有基础上得到进一步发展。差异教学法的优势在于，教师在充分了解学生差异的基础上进行合理分类，采取相应矫正措施，使其发挥各自潜能，得到适合自身需要的教育。针对每一个层次的听觉障碍儿童都有一个明确、具体的教育方案和教学计划，每个学生接受的教育都是根据他们的发展水平而设定的，能激发他们学习的积极性和主动性。对不同的听觉障碍儿童采取不同的教学方式方法，能保证每个学生都能积极地参与到音乐教学中来，营造一个良好的学习氛围。与此同时，运用差异教学法，教学中不会让任何一个听觉障碍儿童脱离集体，而是切实地帮助每位学生，让他们共同发展，提高整体教学水平。

将差异教学法运用到教学中，可以采用两种形式。

第一，按学生听力程度进行分班教学，也就是将同一听力损伤程度的学生分为一个班。这种形式对于那些听力受损程度较轻，能较好地感知音乐的学生意义较为突出，在这种环境下他们将会得到更大的发展。

比如，在教学内容上，可以给他们开设除律动外的其他音乐课程。和其他的听觉障碍儿童相比他们能够接触更丰富的音乐形式，能够有更多的选择，也就有了更多的发展机会。不过目前我国聋哑学校几乎没有针对学生的情况进行分班教学，学校和教师也都缺乏这种教学意识。而且笔者在实际调查中发现，这种教学形式可能会越来越难付诸实施，主要原因是聋校生源越来越少。随着医疗技术的发展，很多有残余听力的儿童在经过后期的康复训练后，都会被送入普通学校，随班就读，所以聋校内这种学生越来越少，那么分班教学的难度也就越来越大。

第二，按学生残障程度的不同进行分组教学，这种形式可以在平时的教学中经常使用，改变过去千篇一律的教学形式，使每个学生都能很好地参与到律动教学中。例如，在进行律动教学时，可以将学生分为A、B两组（A组听力损失轻，音乐感知力稍强一些，B组听力损失稍重，音乐感知力差一些），在随着音乐跳舞时，让B组同学做动作，A组同学拍手、跺脚。还可以让A组同学指导B组同学学习，A组同学在B组里找一个自己的好朋友，两个人或三个人为一组进行比赛，看哪个组能完成得最好，这样便会使每个学生都能积极地参与到活动中来。通过分组教学不仅可以让A组同学的优势得到充分发挥，而且还能带动B组同学的学习热情。按照学生的差异分组，会大大减少教师用于个别辅导的时间，增强教师教学的系统性。

当然，教师只有恰当地运用差异教学法才能发挥其应有的作用，否则很容易造成"好的更好，差的更差"的教学效果。差异教学法注重听觉障碍儿童之间的个体差异，遵循因材施教的教育原则，对学生真正做到了有的放矢。

（三）音画结合法

听觉障碍儿童由于生理的缺陷，抽象思维较为贫乏。所以，在教学中要充分利用他们的视觉感官，采取直观形象的方式来教授他们知识。而音画结合法正具有这样的特点，将音乐与形象的画面结合在一起，给听觉障碍儿童以视觉的冲击，使贫乏的抽象思维得到了补偿。音画结合法将音乐所表达的快乐美好用生动具体的画面表现出来，创造一种美的情境，让听觉障碍儿童融入其中，享受美的浸润。这种方式能更好地激发听觉障碍儿童的情感，提升其审美能力。

在对听觉障碍儿童的律动教学中，音画结合法的运用显得尤为重要。由于听觉障碍儿童无法清晰地听到音乐，以至于他们对音乐所表达情感的感知力较差。为了让他们更好地体验音乐所蕴含的情感，感受音乐所带来的快乐，在教学中就要充分利用一切手段让音乐形象化、具体化，以最直观的方式唤起听觉障碍儿童精神上的愉悦。

比如，在感知欢快歌曲的节奏时，教师就可以利用多媒体，给学生展示一些快乐、高兴的画面，像许多小朋友在一起开心地玩耍、蝴蝶在花丛中飞舞等一些美好的场景，他们一下子就会被这种场景吸引、打动，从而产生最为直接的美的体验，然后将这种情感主动地融入对节奏的感知中。在学习跳舞时，可以将舞蹈画面用多媒体播放出来，让学生跟着大屏幕学习。当学生看到屏幕上优美的画面时，马上就会被吸引，并产生兴趣去了解它。和以往"教师示范，学生模仿"的教学方式相比，这种方式能够激发学生的学习积极性和主动性，让整个课堂充满活力。

不可否认，音画结合法确实可以很好地帮助听觉障碍儿童感知音乐，体验音乐情感，在教学中教师应多多尝试。但需要注意的是，教师在使用音画结合法开展教学时，要看所学音乐与所选的画面是否得当，如果所选画面背离了音乐所要表现的意境，便会造成听觉障碍儿童对音乐情感认识的错误，画面也就起不到正确的引导作用。对于画面的选取要力求生动美观，与实际生活贴合，与音乐融合，这样才能激起学生的兴趣，提升教学效果。

音画结合法对听觉障碍儿童的音乐学习无疑具有很大的帮助，但在实际教学中，这种教学方法并没有得到普及。虽然目前对听觉障碍儿童的律动教学都配有多媒体设施，但大部分教师都很少使用，即使有也未能合理利用。多媒体的使用对听觉障碍儿童来说非常重要，教师们应加以重视。

（四）达尔克罗兹的体态律动法

达尔克罗兹是著名的作曲家、音乐教育家，他创立了20世纪最早的音乐教育体系，其体系的核心就是"体态律动"。他所创立的体态律动以身体为乐器，通过身体动作，体验音乐节奏的速度、力度、时值等变化。它与舞蹈不同，舞蹈以动作为中心，音乐只是动作的陪衬。而体态律动则是以感知音乐节奏为中心，通过身体的律动进行节奏训练的一种方法。这种律动并不像舞蹈，需要按照规定的动作进行，它是即兴的，是随着音乐节奏的变化而做出相应的动作反应，可以只是简单的拍掌、弯腰、走、跑等，以此提高儿童感知音乐节奏的敏锐度。

可以说，体态律动对于培养儿童节奏感的作用很大。已有实践证明，达尔克罗兹的体态律动不仅在普通音乐教育中具有重要的地位，而且在特殊音乐教育中的地位更是至今为其他教学法所无法替代，特别是在听觉障碍儿童音乐教育中。

由于听觉障碍儿童无法清晰地听到音乐，所以他们只能用触觉来感受音乐带来的振动，通过振动辨别音乐的节奏和力度，在节奏中感知音乐旋律，体会音乐的美好。所以在教学中对他们进行节奏训练，培养其节奏感至关重要，因为节奏感的发展可以为听觉障碍儿童语言的发展和自我表现提供条件。但在实际教学中，多数律动教师忽略了对听觉障碍儿童专门的节奏训练，往往是在学习舞蹈过程中顺便进行，所采用的通常也只是用手击拍、以数代乐的方法，让听觉障碍儿童利用视觉观察教师拍打的次数，以及每次拍打间隔的时间，这种方法无法让学生清晰准确地识别拍打的节奏，很容易造成一团乱的情形，严重影响教学效果。而达尔克罗兹的体态律动法正是听觉障碍儿童进行节奏训练最为有效的方法之一。听觉障碍儿童可以用各种简单的动作将感知到的节奏表现出来，加深其视觉印象。

而最重要的是，通过音乐与身体结合的节奏律动，将身体、音乐、情感融为一体，可以使听觉障碍儿童得到情感的释放、心灵的慰藉，从而促进听觉障碍儿童身心健康的发展。所以，在律动教学中教师应多借鉴达尔克罗兹的体态律动法，认真学习钻研，并结合听觉障碍儿童的具体情况将其合理地运用到教学中，相信必能提升教学效果。

（五）重视与相关学科的发展

音乐治疗这样一门新兴学科在特殊教育领域已经备受关注，如果说现代意义上的特殊音乐教育是一门崭新的学科，那么音乐治疗则是一门更为成熟和前沿的融音乐、医学、心理学为一体的交叉性边缘学科。美国音乐治疗学家布鲁西亚在他的《定义音乐治疗》一书中将音乐治疗界定为"一个系统的干预过程，在这个过程中，治疗师利用音乐体验的各种形式，以及在治疗过程中发展起来的，作为治疗动力的治疗关系来帮助治疗对象达到健康的目的"。其实，音乐治疗与特殊音乐教育两者之间有很大的关联，都是以音乐为媒介，对那些有特殊障碍的儿童进行干预和治疗，让他们能够更好地成长与发展。

目前，音乐治疗已被许多发达国家和地区应用到特殊教育领域，并且收获了不错的效果，可以说音乐治疗已成为特殊音乐教育的一个重要内容。不过，我国关于此方面的研究起步较晚，整体水平还比较低。

音乐治疗对听觉障碍儿童来说具有重要的作用。首先，音乐治疗能够发展听觉障碍儿童的残余听力。除了完全丧失听力的聋童外，大部分听觉障碍儿童仍有一定的残余听力，只要适当调整助听器，便可以让他们欣赏一些器乐演奏，而如何最大限度地开发这些孩子们的残余听力便是音乐治疗的一个主要方面。其次，音乐治疗能够发展听觉障碍儿童的语言和沟通能力。音乐治疗可以使聋童像普通儿童一样能听会说。而更为重要的是，音乐治疗能够补偿其身心缺陷，让他们拥有一个健康的身心。

在特殊学校，可以说音乐治疗与音乐教育同样重要，将音乐治疗应用到听觉障碍儿童教学中，可以让听觉障碍儿童锻炼听力，进行说话语速的训练，这一切对听觉障碍儿童来说都具有重要的作用。教师需秉持音乐治疗的理念，面对这群特殊的孩子不仅要对他们进行教育，而且还需要在教育中融入治疗的理念。音乐教育对听觉障碍儿童具有教育的意义，而音乐治疗对听觉障碍儿童却有着治疗的作用，在实际教学中如果能将二者结合在一起，使听觉障碍儿童在接受良好音乐教育的同时，又能得到治疗，那才真正发挥了音乐的价值，相信必能提升听觉障碍儿童的音乐教学效果。

二、听觉障碍儿童音乐教育的策略

（一）转变观念

我国听觉障碍儿童音乐教育情况不容乐观，在师资培养、教材编订、教育理论、教学方式和方法等方面都存在不少问题，阻碍着听觉障碍儿童音乐教育的发展。从表面上看，这些问题是由我国特殊教育相关政策不完善、教育制度不规范、政府对特殊音乐教育的资金投入不足导致的。但最重要的原因还是国人对特殊音乐教育认识不到位，对听觉障碍儿童的音乐教育没有一个清晰的认识。

随着社会的发展，我国对特殊教育事业一直是大力扶持，也出台了许多相关的法律文件，但社会上很多人并不了解特殊儿童，甚至将特殊儿童视为"低能儿"，将对他们的教育视为一种职业教育或技术培训，更有甚者认为音乐教育就是弹弹唱唱跳跳，对特殊儿童可有可无，完全忽视甚至否定音乐教育在促进特殊儿童身心健康发展方面的积极作用，极大地阻碍了我国特殊音乐教育的发展。很多人认为，普通音乐教育都没有搞好，哪还有精力和财力去搞特殊音乐教育，对特殊儿童只需进行职业教育，培养一技之能使之长够自食其力就够了。

到目前为止，不少特殊教育学校仍然没有摆脱这种传统观念，将音乐教育当作"摆设"，致使特殊教育音乐课在课程、学时、经费、设施、师资等方面都得不到保障。在经济较为发达的地区，特殊教育经费还算充足，而偏远地区就相当缺乏了。听觉障碍儿童作为特殊儿童的一部分，其音乐教育更是不被看好。大多数人可能会认为对听觉障碍儿童开展音乐教育简直是天方夜谭，不切实际，因为他们既听不清，又说不清。

所以，一直以来，相关部门对听觉障碍儿童的音乐教育都不太重视。不可否认，对听觉障碍儿童进行音乐教育确实是一个难题，即便有一定的方法，实施起来可能也较为困难。但这不正是一名特殊教育工作者或是教育研究人员所应做的吗？

虽然听觉障碍儿童无法听到声音，但是我们可以让他们看到声音，用触觉感知声音，所以有了律动课，以后也许还会有声乐课、器乐课、欣赏课等，这些在当前看似不可能的事情，随着研究的深入和社会的发展都有可能实现。思想观念的陈旧，不免造成我国对听觉障碍儿童音乐教育的不重视。经济投入少，相关保障政策少，很多特殊教育工作者或研究员便不愿在此方面下深功夫，因为既不好做，成果又得不到肯定，这好像是一个吃力不讨好的工作，谁都不愿意在这上面花费太多的时间。虽然近年也有一些教育工作者开始关注听觉障碍儿童音乐教育方面的问题，发表了一些文章，但也只是很小的一部分。对于这样一项艰巨而重大的任务，这些力量是远远不够的，它需要更多的人一起来完成，需要整个国家对它的关注与重视。

观念决定成败，要改变当前听觉障碍儿童音乐教学的现状，解决存在的问题，我们就要转变过去传统的思想观念，加强对听觉障碍儿童音乐教育的重视。在思想上，要充分认识到音乐教育对听觉障碍儿童发展的重要意义，并将思想转化成实际的行动。首先，从政治和经济上支持听觉障碍儿童音乐教育，给予听觉障碍儿童音乐教育政策和财力上的保障，这是开展音乐教育的基本前提。第一，加大对音乐教学硬件设施的投入，给听觉障碍儿童创建一个良好的学习环境，为音乐教学的顺利开展提供最基本的保障；第二，提高教师工资待遇，肯定教师教学成果，增强教师的职业幸福感等；第三，重视有关听觉障碍儿童音乐教育的研究成果，对这些研究人员给予大力的支持和鼓励，让他们更有动力和激情进行研究。

其次，各部门要大力推进教学改革，促进听觉障碍儿童律动教材、教法的完善。同时，还要加强对音乐师资的培养和管理，建立健全一整套教师教育制度，包括资格认证、职称评定、师资培训等。

最后，充分利用多媒体加大对听觉障碍儿童音乐教育的宣传力度，使更多的人全面地了解听觉障碍儿童，关注听觉障碍儿童的健康成长。

总之，只要每个人都能认识到开展听觉障碍儿童音乐教育是可行且必须的，相关教育部门都能够加以重视，并且像探究普通音乐教育那样，去积极地探索研究听觉障碍儿童的音乐教学，就不会存在听觉障碍儿童音乐教学无法开展、开展困难等问题，听觉障碍儿童的音乐教育进行得也会越来越顺利。

（二）加强对听觉障碍儿童音乐教育师资力量的培养

师资的培养是教学开展的基础，教师的个人素质和专业水平关乎整个教学质量。教育对象的特殊性使我们对师资的要求也较严格。特殊音乐教师不仅要有足够的耐心、关爱特殊儿童、热爱艺术和特殊教育事业，还要掌握特殊教育、音乐教育、特殊儿童心理学等多学科理论知识。因此应加大对音乐教师职后继续教育的力度，加强对特殊音乐教师的专业化培训，使教师在知识结构和实践能力方面不断进步，以适应特殊音乐教育的发展需求。

以被调查的某学校为例，该校音乐教师的整体素质并不让人满意，其中最突出的一点就是师资专业不匹配。律动教师都是从普通院校的音乐专业毕业的，没有经过特殊教育师范院校的严格训练，缺乏对特殊教育理论知识的学习，不能真正与这群特殊的孩子进行有效的交流和沟通，这种情况不免会对以后教学的顺利开展造成影响。因为没有理论知识的支撑，在实际教学中便无法根据每一位听觉障碍儿童的实际需要灵活地运用适合的教学方法，较难做到因材施教。

因此，律动课形式千篇一律，学生较难参与到音乐活动中来。基于此，为了提升听觉障碍儿童的音乐教学质量，使听觉障碍儿童能够得到良好的审美教育，必须提升教师专业素质。

首先，要提高听觉障碍儿童音乐教师的素质。第一，聘用高等学校特殊音乐教育专业的毕业生为教师。关于这个方面，因为我国高等学校特殊教育事业发展并不尽如人意，师资严重不足，而音乐教育师资更是微乎其微。所以，聘用高等学校特殊教育专业的毕业生为教师在当前大部分地区都很难实现。为了解决专业师资不足的问题，只能从普通高校音乐院系选择毕业生。

第二，重视对听觉障碍儿童音乐教师的在职培训。可以通过专家讲座、短期培训、集中培训等多种方式，补充教师的专业知识，让其教学水平得到进一步提高。特别是要加强对骨干教师的培养，因为骨干音乐教师得到应有的继续教育，才有能力带动其他音乐教师素质的提高。

第三，学校要多开展音乐教研活动，让教师之间多进行交流，吸取别人好的教学经验，弥补自己的不足，做到共同进步。还可以与其他学校联合组织一些学术交流活动，鼓励教师多参加相关方面的学术论坛，提高教师对特殊教育的理论研究能力。

其次，在听觉障碍儿童音乐师资培养方面，一是加强对听觉障碍儿童音乐教师的考核，研究建立听觉障碍儿童音乐教师专业证书制度，逐步实行教师持证上岗；制定听觉障碍儿童音乐教师专业标准，将特殊音乐教育相关内容纳入教师资格考试。二是鼓励普通师范院校增设特殊音乐教育课程或是鼓励高等师范学院为已取得普通教师初级证书，但有意愿成为特殊音乐教师的人设立培训科目，使其经过特教训练后进入特殊教育领域，这样不仅可以解决一部分师范生的就业问题，而且还可以提高特教学校的师资质量。将上述措施结合起来，建立健全一整套的听觉障碍儿童音乐教师考核机制，可以使听觉障碍儿童音乐教师的培训和就业连接在一起，将听觉障碍儿童音乐师资培养纳入正规的轨道。

当然，普通院校应该与特殊教育学校结合起来，特殊教育学校可以接收普通院校的毕业生为教师，普通院校则向特殊教育学校输送一些具有从事特殊教育事业的能力的毕业生，两者互相促进，那么，特殊学校的音乐教育定能得到长足的发展。

（三）丰富听觉障碍儿童音乐教学内容

由于生理原因，当前听觉障碍儿童的音乐教学内容只有律动课一门，而且大多数教师都把律动课完全上成了舞蹈课，教学中只是片面追求舞蹈动作的规范，完全失去了律动教学的意义。在实际的调查中也发现，不管是校领导还是家长，他们都觉得让听觉障碍儿童掌握一门才艺更为实用一些，而学习音乐理论知识或是欣赏一些音乐作品对听觉障碍儿童来说并没有多大用处。律动教师也认为舞蹈课是最适合听觉障碍儿童学习的，在舞蹈中学生同样可以感受到音乐的节奏美，而且还能掌握一门技艺，何乐而不为。不可否认，这种想法确实没错。但值得注意的是，这种单一的教学内容会使教师无法做到因材施教，无法全面地顾及每位听觉障碍儿童。在实际调查中就发现很多学生不愿上律动课，主要的原因就是不喜欢跳舞，希望教师在律动课上能教授一些别的音乐内容。

所以，课堂上他们都只是应付地跳一下，只有个别学生在认真地跟着教师学动作，整个课堂教学缺乏生气。可想而知，这种问题如果得不到解决，慢慢地学生可能会丧失学习音乐的兴趣。内容的多样性可以为听觉障碍儿童提供多种选择，使其择取适合自己的音乐内容，发挥自身优势，实现自身价值；而单一的教学内容，使学生无法感受到音乐丰富多彩的艺术形式，无法得到全面的发展。音乐课上只教授学生一种内容形式，学生也就只能接受这一种音乐形式带来的作用，无法全面发挥音乐所具有的优势，促进学生全面发展。所以，我们要突破已往的观念，丰富教学内容，让听觉障碍儿童的音乐课堂充满生机。

1. 在律动课上增加一些除舞蹈以外的教学内容

从律动教材中我们也可以看出，听觉障碍儿童的律动教学并不只是教授舞蹈，只是大部分教师只关注对舞蹈的教学，忽略了对听觉障碍儿童综合素质的培养，从而导致学生对律动课的厌倦。虽然教材中很多内容已经落伍，但也有很多地方值得教师深究，应探索一些新的内容形式，让听觉障碍儿童能够真正地感受到音乐所带来的快乐，让整个律动课堂动起来。

比如，让学生学习一些打击乐器，跟着音乐节奏去敲击，如果学校条件允许，还可配备多种打击乐器，让学生组成一个打击乐器队，在教师的指导下练习各种节奏或为歌曲配伴奏。这种教学内容能更好地训练他们的节奏感，对听觉障碍儿童来说更容易学习，而且节奏感训练好了，对其他音乐课的学习也有帮助。由于生理原因，听觉障碍儿童不可能像正常儿童那样学习所有的音乐课程，其教学局限性很大。所以，我们更不能把他们仅有的律动课也只局限于对舞蹈的学习，应该使律动教学内容更丰富一些，让听觉障碍儿童在律动课上能真正地参与到音乐活动中来。

2. 开设一些除律动课外的其他音乐课

由于听觉障碍儿童的特殊性，所以，我国教育部规定的聋哑学校必须开设的音乐课程只有律动一门。虽然国内已有很多听觉障碍儿童器乐演奏的个案，而且在国外，器乐学习已经成为听觉障碍儿童音乐教学的一部分，但我国至今未将器乐课纳入听觉障碍儿童音乐教学中。这其中既有客观条件的限制，也存在教学理念方面的问题。

在实际调查中，在聋校里一个班级内就只有 1~2 个学生佩戴上助听器后能很好地感知音乐，大部分学生即便佩戴助听器也未能很清晰地听到声音。这种情况下，如果规定每个学生都学习器乐演奏，确实不现实。但只要有一线希望，我们就不应该放弃让听觉障碍儿童学习其他音乐课的机会。

基于此种情况，聋校可以效仿国外的教学模式，对听觉障碍儿童采取个性化教学（按学生听力高低进行分班教学，将能很好感知音乐的学生集中在一起）。这样对学生的教学就可以不用只局限于律动课，课程可以更广一些、内容可以更多一些，而且教学也更具系统性和针对性。

比如，对于音乐感知能力好的学生，可以开设器乐演奏、音乐欣赏等课程。而对于那些音乐感知能力差的学生，可以开设一些理论性的课程，以提升学生的艺术修养，如简单地介绍一些中外音乐家、音乐作品和民族音乐文化等。虽然他们不能很好地听，但可以很好地看，教师只要充分利用多媒体技术，让听觉障碍儿童像看电影一样学习这些理论知识，相信定会收到一定的成效。

（四）明确听觉障碍儿童音乐教学目标

无论任何课程，教师都必须先明确教学目标，才能制订相应的教学计划。而听觉障碍儿童音乐教学的基本目标就是让其克服生理缺陷带来的自卑，对生活重拾信心。只有做好这些才能培养他们的审美能力、音乐素养。

在实际调查中发现，教师对听觉障碍儿童律动教学的目标认识不清晰，他们认为律动教学的主要目的就是让学生学会舞蹈动作，能跟着音乐跳舞就够了。这样的认识偏离了听觉障碍儿童音乐教学的核心目标，致使教学统一、简单化，无法制订有针对性的教学计划，所以在实际教学中也达不到教师所预期的效果。

特别是近年来，关于聋人律动教学，社会上有一种不良倾向。自中国残疾人艺术团在 2005 年春节联欢晚会上演出《千手观音》以来，很多聋人学校掀起了"律动风"，但其目不是提高聋哑学生的音乐修养，而是为了外出演出，为校争光，严重偏离了音乐教育的宗旨。

实际上，怎样按照听觉障碍儿童的残疾程度制定相应的教学目标，做到因材施教，是律动教师在备课之前首先要思考的，而完成这一工作的前提是律动教师必须对听觉障碍儿童的认知能力和个体差异有充分的了解。在一般义务教育中，教学大纲和课程标准对教学提出了十分明确的要求，具有重要的指导意义。而关于听觉障碍儿童音乐教育的大纲至今都没有。

所以，听觉障碍儿童音乐教师对教学目标、原则或是评价等，都没有明确的认识，大部分都参照普通音乐教育的大纲来上课，而这样的教学不免造成教学方法、目标统一化，无法开展针对性教学。没有统一的指导思想，听觉障碍儿童的音乐教学就好像是汪洋大海中的一条小船，随波逐流没有方向，这种情况将会严重影响听觉障碍儿童音乐教育的发展。所以，当务之急是尽快制定出听觉障碍儿童音乐教育教学大纲，建立统一的教学指导思想。

总之，对听觉障碍儿童音乐教学理论的研究和探索将是一项艰巨的任务，任重而道远，需要更多的人投入其中，使之获得持续发展。

参考文献

[1] 张馨，张文禄. 音乐元素与特殊儿童教育干预 [M]. 上海：上海音乐出版社，2014.

[2] 李淑英，王喜军，刘迪. 特殊儿童感觉统合训练理论与实践 [M]. 天津：天津教育出版社，2014.

[3] 王永，鲍永清. 特殊儿童心理学 [M]. 长春：东北师范大学出版社，2014.

[4] 盛永进. 特殊儿童教育导论 [M]. 南京：南京师范大学出版社，2015.

[5] 许家成. 特殊儿童生涯发展与转衔教育 [M]. 南京：南京师范大学出版社，2015.

[6] 王文燕，李永峰，周志鹏，等. 实用特殊儿童康复与训练 [M]. 济南：山东大学出版社，2015.

[7] 朱楠. 特殊儿童发展与学习 [M]. 武汉：武汉大学出版社，2016.

[8] 范里，汪辰. 因你而变：自闭谱系障碍儿童教育康复指导手册 [M]. 北京：中国轻工业出版社，2016.

[9] 连翔. 自闭症儿童教育与指导 [M]. 上海：复旦大学出版社，2016.

[10] 王芳菲，唐瑶瑶. 脑瘫儿童的音乐治疗 [M]. 北京：华夏出版社，2016.

[11] 何雨梦. 儿童音乐教育可拓学 [M]. 北京：九州出版社，2017.

[12] 王红霞. 教学相长：特殊教育需要学生与教师的故事 [M]. 北京：华夏出版社，2017.

[13] 陈俊伊. 音乐与健康 [M]. 北京：知识产权出版社，2018.

[14] 胡金萍. 特殊儿童问题行为干预与管理研究 [M]. 石家庄：河北人民出版社，2019.

[15] 李卓. 特殊音乐教育在特殊教育中的角色研究 [J]. 作家天地，2020（14）：115.

[16] 庾韵婷. 唱游与律动开展特殊儿童音乐教育的探究 [J]. 科学咨询（教育科研），

2020（8）：150.

[17] 吴小茵.浅谈音乐教育在特殊教育康教结合中的运用[J].大众文艺，2020（8）：206-207.

[18] 张夏蕾.试论特殊儿童中实施音乐教育的措施[J].北方音乐，2019，39(22)：156-157.

[19] 白雪艺兰.探究特殊儿童音乐教育及发展[J].齐齐哈尔师范高等专科学校学报，2019（4）：142-143.

[20] 梁庆东，梁秋月.音乐治疗理念在特殊儿童音乐教育中的应用研究[J].江苏理工学院学报，2018，24（6）：110-114.

[21] 陈少芳.律动教学对特殊儿童音乐教育的影响探讨[J].黄河之声，2018(15)：99.

[22] 余晓，郭琴.特殊儿童音乐教育的内涵、价值及现实困境[J].绥化学院学报，2018，38（4）：142-144.